Ulrich Sieveking

Hamburg 1906

Briefe an Käthe

Bibliografische Information der Deutschen Nationalbibliothek:
Die Deutsche Nationalbibliothek verzeichnet diese Publikation
in der Deutschen Nationalbibliografie;
detaillierte bibliografische Daten sind im Internet über
http//dnb.dnb.de abrufbar

Herausgeber: Hans Ulrich Sieveking
Leverkusen 2018

Umschlagbild: Das Elternhaus in Hamburg, Oberstraße 116
Frontispiz: Ulrich und Käthe Sieveking, geb. Roosen (1906)
Rückseite: Briefmarke Deutsches Reich um 1906

Herstellung und Verlag: BoD – Books on Demand, Norderstedt
ISBN 9783746099750

Inhalt

Vorwort des Herausgebers

Gustav Adolf Ulrich Sieveking (1878–1952) hat 1906 als promovierter Jurist und Assessor wechselnde Posten im Hamburger Staatsdienst inne. Er lebt noch im Haus seiner Eltern, Dr. med. Caspar Wilhelm (1834–1917) und Caroline Sieveking, geb. Söhle (1842–1915), in der Oberstraße 116 und ist als jüngster Sohn mit 28 Jahren noch Junggeselle, während die meisten seiner sechs Geschwister schon Familien gegründet haben.

Im Jahr 1905 hat Ulrich in den Sommerferien auf Sylt Catharina (Käthe) Roosen (1877–1942) näher kennengelernt; wie er ist auch sie in Begleitung von Verwandten gereist.

Zurück in Hamburg kommen sich Käthe und Ulrich näher, doch am Tag nach ihrem ersten Kuss, im Januar 1906, tritt Käthe eine Überseereise an: Sie begleitet ihren Bruder, den Oberleutnant Berend Roosen (1873–1945), auf einem Truppentransport nach Deutsch-Südwestafrika, wo der Kolonialkrieg gegen Hereros und Nama geführt wird (s. Käthes Tagebuch: „Afrika 1906"). An ihrem Abreisetag lässt Ulrich ihr noch einen kurzen Abschiedsbrief zukommen. Als er erfährt, dass Käthe, statt nach drei Wochen von der Zwischenstation Las Palmas zurückzukommen, die Reise über Monrovia bis nach Windhuk fortsetzt und erst im März zurück zu erwarten ist, verfasst er innerhalb von zehn Tagen einen langen, sehnsuchtsvollen Brief, den sie aber erst auf ihrer Rückreise, auf den Kanarischen Inseln, erhält.

Bereits in diesem Schreiben setzt sich Ulrich mit den Gedanken an eine Eheschließung auseinander und diskutiert viele berufliche und familiäre Aspekte. Gleichzeitig schildert er sehr farbig sein Alltagsleben, das geprägt ist von einem Wechsel seiner beruflichen Tätigkeit und seiner Einbindung in das bewegte Hamburger Gesellschafts- und Familienleben. (Die Hochzahlen hinter den einzelnen Namen in den Briefen verweisen auf Anhang II: Hamburger Namen.)

Nach Käthes Rückkehr wird die enger werdende Beziehung so lange geheim gehalten, wie Ulrichs Berufssituation noch unklar ist; man sieht einer längeren Warte- und Verlobungszeit ins Auge.

Im Sommer unternehmen beide getrennte Urlaubsreisen, von denen nur Ulrichs Briefe erhalten sind. Er reist nach Großbritannien, Käthe nach Sylt und Arnsberg. Bei den Briefen geht es um die Planung und Bekanntmachung von Verlobung und Hochzeit. So früh der Eheentschluss gefasst, so zahlreich scheinen mögliche Hürden und Einwände, vor allem seitens Ulrichs Mutter hinsichtlich der Religion der künftigen Schwiegertochter (Käthe ist mennonitisch).

Im September erhält Ulrich zu seiner Überraschung ein Schreiben von Senator Lappenberg (dem Schwiegervater seiner Schwester Agathe), durch den er von seiner Ernennung zum Landrichter erfährt. Nachdem er kurzfristig diese Stellung antreten kann, wird das Geheimnis gelüftet, und bis zum Jahresende sind Käthe und Ulrich verheiratet.

Ein Briefverkehr ist nun nicht mehr erforderlich.

In den folgenden Jahren werden drei Söhne geboren, und Ulrich tritt 1913 in ein Notariat ein.

Ein weiterer umfangreicher Briefwechsel ist erhalten aus den Jahren des Ersten Weltkrieges an dem Ulrich von 1914–1918 teilnimmt, während Käthe die Kinder allein in Hamburg großzieht.

Ulrichs Briefe an Käthe im Jahr 1906

Abb. 1 Ulrich Sieveking um 1905

(links: Lithographie seines
Urgroßvaters Georg Heinrich Sieveking)

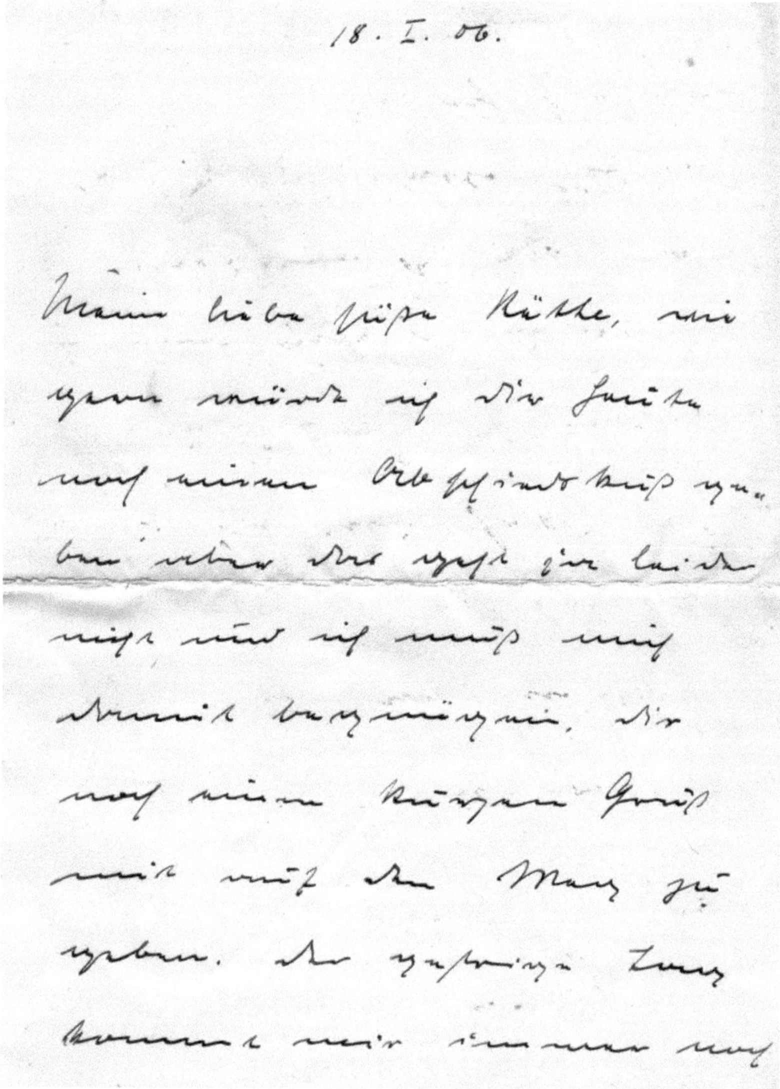

Abb. 2 Ulrichs erster Brief vom 18.1.1906

1. Käthe auf Seereise nach Afrika (Januar – März)

1.1. Hamburg, 18.1.1906 [Käthes Abreisetag]

Meine liebe, süße Käthe, wie gern würde ich Dir heute noch einen Abschiedskuss geben, aber das geht ja leider nicht, und ich muss mich damit begnügen, Dir noch einen kurzen Gruß mit auf den Weg zu geben. Der gestrige Tag kommt mir immer noch wie ein Traum vor, ich habe mich freilich schon lange mit dem Gedanken beschäftigt, und ich war mir eigentlich schon lange klar darüber, dass wir zusammengehören, aber die Entscheidung kommt doch meist schneller und überraschender, als man denkt. Dass wir uns nun nach dem einen schönen Tag gleich 3 Wochen trennen müssen, ist hart, umso schöner dann das Wiedersehen. Ich lege diesem Brief die beiden einzigen Bilder, die ich von mir besitze, bei [Abb. 1(?)]. Wenn sie auch nicht schön und schon mehrere Jahre alt sind, so werden sie Dir doch vielleicht Freude machen. Das schwarze Bild musst Du gegen das Licht halten, dann gewinnt es etwas. Ich schicke diesen Brief, damit er noch sicher vor Deiner Abreise in Deine Hände kommt, durch einen Dienstmann. Wenn Du es möglich machen kannst, gib mir bitte noch Nachricht, dass Du ihn erhalten hast. Und dann versuch, mir von der Reise zu schreiben, ich denke doch, dass es möglich sein wird. Toni Söhle[1] war gestern ganz aufgeregt über Deine Reise, ich musste wieder ordentlich schmunzeln und war in beständiger Angst, mich vor dem argwöhnischen Otto [Söhle, Ulrichs Vetter][2] zu verplappern. Nun leb wohl, meine geliebte Käthe, genieß Deine Reise recht und komm recht frisch und wohl nach Hause zurück und denk unterwegs auch zuweilen mal an Deinen treuen Ulli

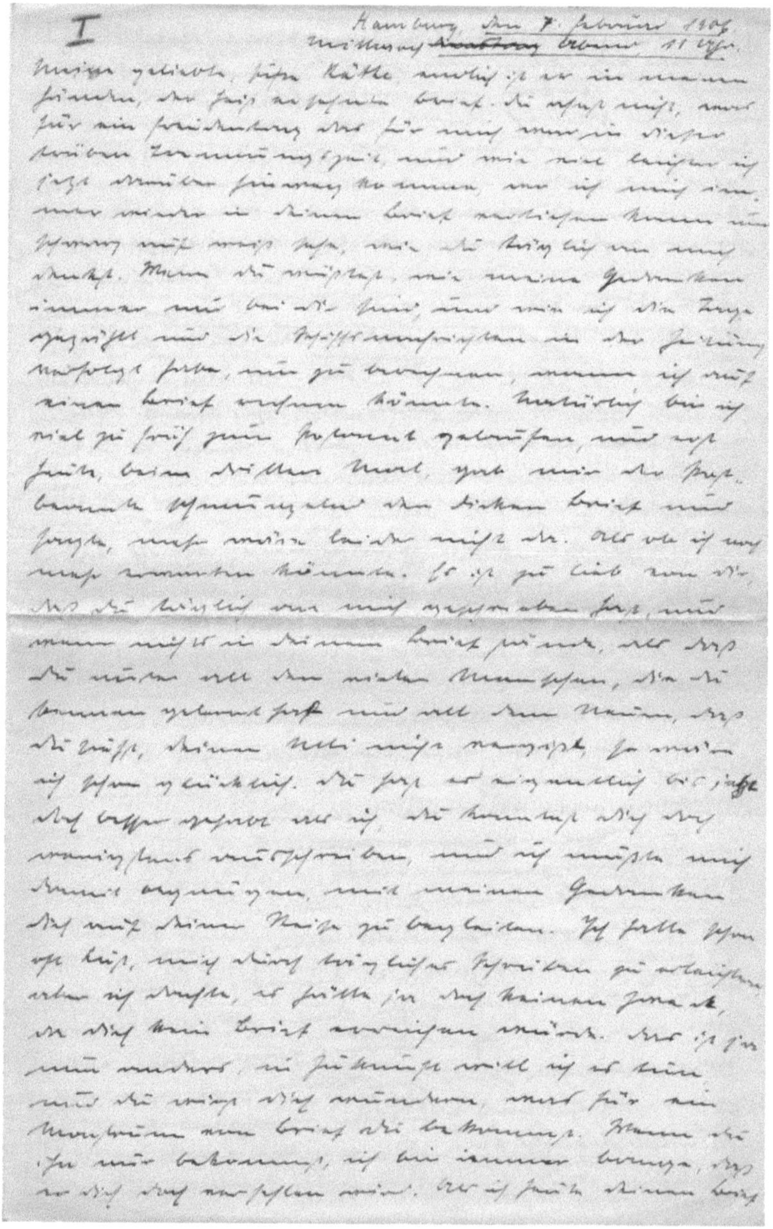

Abb. 3 Ulrichs Brief an Käthe vom 7.2.1906 (erste Seite)

1.2. Hamburg, Februar 1906 [Tagebuch]

[Ulrichs folgender 20 Seiten langer Brief beantwortet Kä-thes ersten Brief aus Las Palmas vom 26.1., wo sich ent-schied, dass sie nicht direkt zurückreisen, sondern den Truppentransport nach Südwestafrika begleiten würde, da-her 10 statt 3 Wochen Trennungszeit (s. Käthes Tagebuch). Ulrich schrieb diesen Brief an verschiedenen Tagen zwi-schen dem 7. und 18.2.1906 und sandte ihn wohl am 19.2.1906 nach Las Palmas, wo Käthe auch auf der Rück-reise Mitte März Station machte.]

7. Februar 1906, Mittwoch Abend, 11 Uhr [lange Trennung]

Meine geliebte Käthe, endlich ist er in meinen Händen, der heiß ersehnte Brief. Du ahnst nicht, was für ein Freudentag das für mich war in dieser trüben Trennungszeit, und wie viel leichter ich jetzt darüber hinweg komme, wo ich mich immer wieder in Deinen Brief vertiefen kann und schwarz auf weiß sehe, wie Du täglich an mich denkst. Wenn Du wüsstest, wie meine Gedanken immer nur bei Dir sind und wie ich die Tage gezählt und die Schiffsnachrichten in der Zeitung verfolgt habe, um zu berechnen, wann ich auf einen Brief rechnen könnte. Natürlich bin ich viel zu früh zum Postamt gelaufen, und erst heute, beim dritten Mal, gab mir der Postbeamte den dicken Brief und sagte, mehr wäre lei-der nicht da. Als ob ich noch mehr erwarten könnte. Es ist zu lieb von Dir, dass Du täglich an mich geschrieben hast, und wenn nichts in Deinem Brief stände, als dass Du unter all den vielen Menschen, die Du kennen gelernt hast, und all dem Neuen, das Du siehst, Deinen Ulli nicht vergisst, so wäre ich schon glücklich. Du hast es eigentlich bis jetzt doch besser gehabt als ich, Du konntest Dich doch wenigstens ausschreiben, und ich musste mich damit begnügen, mit meinen Gedanken Dich auf Deiner Reise zu begleiten. Ich hatte schon oft Lust, mich durch tägliches Schreiben zu erleichtern, aber ich dachte, es hätte ja doch keinen Zweck, da Dich kein Brief erreichen würde. Das ist nun anders, in Zukunft will ich es tun, und Du wirst Dich wundern, was für ein Monstrum von Brief Du bekommst. Wenn Du ihn nur bekommst, ich bin immer bange, dass er Dich doch verfehlen wird. Als ich heute Deinen Brief erhielt, wusste ich schon, dass Du nach Swakopmund fahren würdest. Toni hatte es von Deiner Schwester [Agnes Roosen[3]] gehört, und Otto[2] erzählte es mir schon letzten Freitag. Du kannst Dir denken, wie niederschmetternd das für mich war. Und ich durfte mir doch nichts [an]merken lassen. Und der kluge Otto erklärte, das hätte er sich gleich gedacht, und er würde sich auch nicht wundern, wenn Du ganz da unten bliebest. Du weiser Peter, dachte ich, wenn Du eine Ahnung hättest. Aber dann dachte ich, wenn nun Deine Schwägerin ganz da bleiben wollte und Dich bäte, bei ihr zu bleiben, was dann? Aber dann hättest Du eben beichten müssen und sagen, in Hamburg wäre jemand, der Dich noch nötiger hätte. Dass aus den 3 Wochen, mit denen wir gerechnet hatten, nun 10 oder noch mehr werden, scheint mir unerträglich, aber vielleicht ist es gut so. Denn je länger ich Dich entbehren muss, desto klarer wird es mir, dass ich von Dir nicht lassen kann, und wenn wir nach dieser langen Trennung noch ebenso gut zueinander halten, dann muss es doch das Rechte sein. Ich habe es bisher gerade so gemacht wie Du, ich habe immer wieder Deine beiden Briefe vom letzten Tage hier gelesen, die ich doch längst auswendig wusste, und habe immer, wenn ich allein war, Dein Bild vor mich hingestellt, und jeden Abend wird es vor mein Bett gestellt, und wenn ich morgens aufwache, fällt mein erster Blick darauf. Ich will heute nicht weiter schreiben, obwohl ich am liebsten die ganze Nacht hindurch schreiben möchte, aber es liegen ja noch so viele Tage vor mir, an denen ich schreiben will, dass es besser ist, wenn ich nicht gleich zu sehr loslege; aber ich musste heute schon anfangen und Dir gleich sagen, wie glücklich mich Dein Brief gemacht hat. Ich habe ihn jetzt noch einmal durchgelesen, weil wir zu Tisch aus waren. Jetzt will ich ihn vor dem Einschlafen noch mal lesen. Heute Nacht, meine süße Käthe, könnte ich Dir doch einen Gutenachtkuss geben; heute sind es 3 Wochen, dass wir uns zuerst geküsst haben [am 17.1.].

Donnerstag, den 8.2.06, 5 Uhr [Hamburger Geselligkeit]
Die Tagesarbeit ist beendet, um 7 Uhr soll ich ein kleines Diner bei Küstners mitmachen, da habe ich gerade noch etwas Zeit zum Schreiben. Am liebsten schriebe ich immer wieder nur, wie lieb ich Dich habe, wie ich immer an Dich denke und wie ich mich nach Deiner Rückkehr sehne. Aber ich glaube, das würde Dir auf die Dauer doch langweilig werden.

Du möchtest gewiss wissen, wie es mir bisher ergangen ist. So gut, wie es mir eben gehen kann, d.h. recht trübselig. Das Beste ist noch immer die Arbeit, die hilft einem am besten über die Zeit hinweg. Die Tagesstunden vergehen mir immer schnell genug, denn ich habe jetzt sehr viel zu tun, besonders weil ich heute in 8 Tagen die Staatsanwaltschaft verlasse und daher möglichst reinen Tisch machen muss. Du denkst gewiss, dass ich schon auf meinem neuen Posten bin, weil Du Dich nach meiner Tätigkeit erkundigst. Das hat sich bis zum 15.2. verzögert und steht mir immer noch sehr bevor. Was ich da zu tun kriege, ist mir selbst noch nicht klar. Ich wollte, ich hätte so viel zu tun, dass ich keine Zeit hätte, an andere Sachen zu denken.

Schrecklich sind mir jetzt die sonst so gemütlichen Abende, an denen ich mit meinen Eltern allein zu Hause sitze. Dann fange ich an zu grübeln, bin einsilbig, weil ich mit meinen Gedanken meist in einem anderen Erdteil bin, und falle meinen Eltern natürlich auf. Auch lesen kann ich nicht, wenigstens keine Bücher, die eine gespannte Aufmerksamkeit verlangen. So komme ich z.B. mit meinem Polenbuch gar nicht von der Stelle. Die letzte und diese Woche habe ich, Gott sei Dank, fast jeden Tag etwas vor, das ist bei meiner gegenwärtigen Stimmung noch das kleinere Übel. An den übrigen Tagen verabrede ich mich meist mit irgendeinem Freund, ein Glas Bier zu trinken, nur um nicht zu Hause Trübsal zu blasen.

Soll ich Dir eine kurze Chronik schreiben von all den Vergnügungen der letzten Zeit?

Also, am 18.1. fuhrst Du ab. Am 20.1. großes Fest bei der alten 80-jährigen Frau Lutteroth[4], Geburtstag, ich saß zwischen 2 mir wenig sympathischen Frl. Lutteroths[5].

Dann eine ruhige Woche, in der ich zum Teil bei meiner Schwester Agathe Lappenberg[6] wohnte. Ihr Mann war im Krankenhaus wegen Blinddarmoperation, und sie wollte in den Tagen, an denen man hier Anrufe befürchtete, männlichen Schutz haben.

Am 28.1. jugendliches Diner bei den des Arts[7], ganz junge Mädchen, kindliche Spiele, begeisternd, wie Du Dir denken kannst.

Am 30.1. Hochzeit von Thekla Stammann und Dr. Schön[8], die crême de la crême war vertreten, daher auch ich unentbehrlich. Meine Erwartungen waren unter dem Gefrierpunkt, aber es war gar nicht so übel. Ich hatte eine sehr nette Tischdame, Maria Siemsen[9], die ich auch heute wieder treffe, und auf der anderen Seite Mimi Haller[10], die ich ja auch ganz gut kenne. Dann habe ich an dem Abend die alte Freundschaft mit Clara Godeffroy[11] wieder aufgefrischt und mich sogar wieder auf den Duzfuß mit ihr gestellt. Auch tanzen musste ich wieder, zum ersten Mal nach 2 Jahren.

Am 1.2. Geburtstagsdiner bei meiner Tante [Maria] Sieveking[12] aus Hamm. Da trafen wir die ganze Altonaer Verwandtschaft. Ich hatte die jüngste, Anni Sieveking[13], zu Tisch. Die ist seit 2 Jahren verlobt und muss noch ungefähr 2 Jahre warten, bis ihr Bräutigam [Hans v. Oesterreich[13]], der in Düsseldorf augenblicklich ist, den Assessor baut. Die ist doch noch schlimmer dran als wir. Sie sprach immer von ihrem Hans, und ich dachte dabei immer an meine Käthe.

Am 3.2. Gesellschaft bei meinem Bruder [Fritz[14]], lauter fremde Menschen, gute Musik und ein großartiger humoristischer Vortrag von Frl. Kunhardt[15].

Am 4.2. Diner mit meinem Freund Wedekind[16] bei Pfordte[17], dann „Walküre", sehr gemütlicher Abend trotz schlechter Aufführung.

Am 5.2. mit demselben Philharmonisches Konzert. Die Schumann-Heine großartig, besonders eine Arie aus dem „Titus" und ein Lied von Strauß, „La Fruit" heißt es, Gedicht von Richard Dehmel. Kennst Du das? Schrecklich aber fand ich eine sogenannte Tondichtung von Strauß, „Also sprach Zarathustra", vielleicht war das für mich zu hoch.

Am 6.2. Behrmann-Vortrag, nicht übermäßig interessant.

Gestern, am 7.2. bei Heinichens[18], heute bei Küstners[19], morgen Söhle'scher Familientag, übermorgen, am 10.2. Gesellschaft bei Wedekinds[16]. Ein schönes Programm, nicht wahr?

Am 15.2. soll ich bei Röpes[20] sein und eine meiner vielen Bräute wiedersehen, dann am 21.2. auf der Hochzeit von Frl. Lutteroth[5] und am 22.2. auf dem Ball bei Burchards[21]. Die Hochzeit meines Bruders [Hermann[22]] in Duisburg wird erst am 5.4. sein, wenn Du also Mitte oder Ende März wiederkommst, bin ich jedenfalls hier. Ich muss jetzt schnell Toilette machen, morgen mehr.

Freitag, den 9.2.06, 9 Uhr morgens [Sehnsucht, Eifersucht?]
Heute will ich meinen Tag damit beginnen, Dir zu schreiben, meine geliebte Käthe. Mein gestriges Geschreibsel ist eigentlich recht töricht, was soll Dich dieser äußere Kram interessieren, besonders da Du diesen Brief ja erst nach 4 Wochen liest. Aber er steht nun mal. Heute ist der Tag, an dem ich sicher gehofft habe, Dich wiederzusehen. Ach Käthe, warum hast Du nicht gesagt, Du möchtest nach Haus? Aber es ging wohl nicht, ohne den wahren Grund zu nennen. Ob Du wohl heute in Swakopmund ankommst? Wenn da doch gleich ein Dampfer wieder abführe. Ich mag es gar nicht, dass Du auch noch in das Innere willst, das ist doch ein unsicheres und gewiss ungesundes Land. Ich denke immer, Dir passiert da was oder Du wirst krank oder Ihr kommt nicht rechtzeitig zum Schiff zurück, so dass Deine Rückkehr sich

immer mehr verzögert. Du findest mich gewiss schrecklich egoistisch, dass ich Dir nicht gönne, möglichst viel Neues und Interessantes zu sehen, aber die Liebe ist nun mal der größte Egoismus. Ob Du, wenn Du dieses liest, wohl noch erinnerst, was Du mir aus dem englischen Buch über die Frauen geschrieben hast? Es gibt gar nicht viele, die sich lange zieren, aber dass es *the duty of woman* ist, *to resist,* leuchtet mir auch nicht ein. Wenigstens wäre ich nicht damit einverstanden gewesen, wenn Du *for a long time no* gesagt hättest. Ob ich dazu komme, das andere Buch, von dem Du schriebst, zu lesen, weiß ich noch nicht, erst muss mein Polen-Buch zu Ende kommen, und das wird kaum geschehen, wenn ich meine freie Zeit immer zum Schreiben benutze.

Eben sehe ich in Deinem Brief gerade die Frage: „Was macht das Rauchen?" Ich befolge noch streng Deine Befehle. Nicht mehr als 3 Zigarren am Tag und nie eine Zigarette. Du bist übrigens gut. Mir verbietest Du die Zigaretten, und Du schmökst jeden Tag mehrere Male, noch dazu *Courmacher*-Zigaretten. Weißt Du, Käthe, dass ich es gar nicht mag, dass man Dir da die *Cour* macht? Na, das *Courmachen* verschwindet hoffentlich bald aus Deinem Gesichtskreis. Du wirst gewiss lachen, wenn Du das liest, es sieht ja beinahe nach Eifersucht aus. Nein, eifersüchtig bin ich nicht. Wenn manche Menschen behaupten, je größer die Liebe, desto leichter erregbar die Eifersucht, so ist das falsch. Eifersucht ist doch immer ein Misstrauensvotum für den anderen Teil, und wenn man jemanden so liebt, wie ich Dich, dann hat man auch felsenfestes Vertrauen, und darum kann auch wirkliche Eifersucht gar nicht aufkommen. Aber doch mag man es nicht, dass andere der Geliebten den Hof machen.

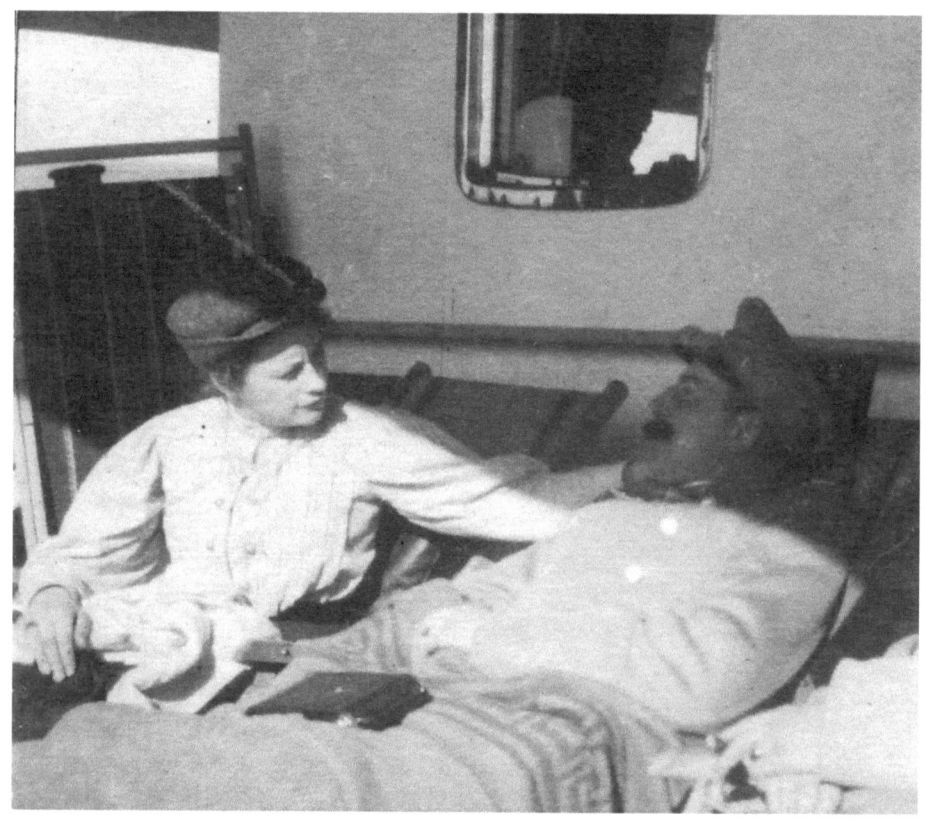

Abb. 4 Käthe auf „Erna Woermann" mit Bruder Berend (?)

Entschuldige diese Ergüsse, ich schreibe so hin, was mir gerade durch den Kopf geht. Ich will auch lieber jetzt zur Stadt und an die Arbeit gehen. Draußen ist ein wunderschöner Wintertag, alles tief verschneit, so wie damals, als wir im Botanischen Garten gingen.

Bei Küstners war es, wie immer, gemütlich, trotz großer Gesellschaft. Nur ältere Leute waren da, ich hatte Frau Susi Gossler, geb. Küstner[19] zu Tisch. Die ist liebenswürdig wie die ganze Familie.

Sonnabend, den 10.2.06, 5 ½ Uhr [Rückblick auf Sylt 1905]
Heute habe ich nicht viel Zeit zum Schreiben. Ich komme eben aus einer langen Gerichtssitzung nach Hause und muss mich bald fertig machen, um zu Wedekinds[16] zu gehen. Wenn ich so vor Deinem lieben Bild sitze und Dir schreibe, das ist doch die schönste Zeit des Tages und nach anstrengender Tätigkeit die beste Erholung.

Sag mal, Käthe, hast Du wirklich nicht gedacht, dass es so zwischen uns kommen würde, und erst durch meinen Brief vom 18.1. Gewissheit bekommen. Du hast mich schon in Sylt sehr bald gefangen genommen, und wenn ich damals so schlecht schlief und keinen rechten Appetit hatte, so hatte das einen sehr einfachen Grund, und der Grund warst Du. Am schlimmsten ging es mir auf der Rückreise von Sylt, da war ich ganz herunter und betrachtete immer nur den Brief an Deine Cousine, den Du mir mitgabst, und dachte, wenn ich doch auch mal so einen kriegte. Und im Harz und später hier hatte ich immer nur den Gedanken: ob sie mir wohl die Sylter Bilder schickt, oder ob sie mich wohl gleich vergisst.

Und als dann die Bilder [Abb. 5 (?)] mit dem kleinen Wisch kamen, war ich mordsfroh, und Du musst doch eigentlich damals aus meiner Antwort gesehen haben, wie es mit mir stand. Dann habe ich ja später gemerkt, dass ich Dir nicht ganz gleichgültig war, aber ich war mir doch manchmal nicht ganz klar, ob Du mich wirklich lieb hättest und ob es bei Dir mehr als freundschaftlich war. Allmählich wurde ich meiner Sache immer sicherer, aber dann kamen wieder die Gedanken: Du bist nichts, wenigstens noch nichts, bedeutest nichts, musst im günstigsten Falle noch lange warten, und das hielt mich immer noch zurück von einer offenen

Aussprache. Aber dann kam der schöne Mittwoch, und die Macht des Augenblicks warf alle Gedanken um, und ich bin froh, dass es so gekommen ist und erkenne immer mehr, dass es das Richtige war.

Abb. 5 Ulrich und Käthe in Sylt 1905
mit Otto und Toni Söhle sowie Berend Roosen (hinten)

Sonntag, 11.2.06, 10 Uhr morgens [Beruf, Altersunterschied]

Gestern wurde ich gestört, meine Mutter nötigte mir noch eine Tasse Kaffee auf, auf dass ich nicht zu flau würde, und dann musste ich eilends zu Wedekinds[16], wo es in kleinem Kreise ein fabelhaft üppiges Diner gab. Solche leiblichen Genüsse verachte ich gar nicht, es muss nur nicht, wie gestern, zu viel davon die Rede sein. So stritt man sich lebhaft, ob der eine oder der andere Rotwein besser sei, obwohl man sich einig war, dass beide ausgezeichnet waren. Na, sonst ist von dem Abend nichts weiter zu berichten, irgendwelche anregenden Leute waren nicht da.

Ich muss heute mit Dir über ein Thema reden, dass mich immer beschäftigt und mit dem ich gestern schon anfangen wollte. Ich schrieb gestern von den Bedenken, die ich gehabt habe. Ja, eigentlich sind die doch noch lange nicht verschwunden. Liebste Käthe, weißt Du auch, an wen Du Dich bindest? So ein kümmerlicher Assessor wie ich ist doch eigentlich noch ein besserer Schuljunge. Bei der heutigen Konkurrenz kann ich nicht damit rechnen, vor 2 Jahren als Richter oder dergl. angestellt zu werden, es kann auch 2 oder 3 Jahre dauern. Gerade jetzt sind Fälle vorgekommen, dass Assessoren, die schon 2 oder 3 Jahre tätig waren, einfach an die Luft gesetzt worden sind. Damit rechne ich allerdings nicht, obwohl ich, wie Du weißt, ein schwarzer Pessimist bin. Aber die Möglichkeit ist doch da. Was machst Du nun, wenn ich Schiffbruch leide, würdest Du auch dann zu mir halten?

Mein Gedanke ist der: Ist es nicht unrecht von mir, ehe ich festen Boden unter den Füßen habe, Dich an mich zu binden? Aber freilich 1.000 andere verloben sich, obwohl sie noch nicht die geringste Aussicht auf ein festes Auskommen haben. Was meinst Du, Käthe, sollen wir uns nicht jetzt trennen, und soll ich nicht als gemachter Mann erst wieder zu Dir kommen und fragen: Willst Du mich noch? Hoffentlich weist Du diesen sehr vernünftigen Vorschlag, den mir mein Kopf und nicht mein Herz eingibt, mit Entrüstung zurück. Nein, wir wollen hoffen, dass alles gut geht, damit rechnen, dass wir in 2 Jahren heiraten können, und bis dahin verlobt sein, aber möglichst lange heimlich. Darüber sind wir uns, glaube ich, einig, dass eine lange öffentliche Verlobungszeit schrecklich ist.

Dann denke ich aber immer noch: Was wird Deine Mutter sagen, wird sie mit mir einverstanden sein? Ist es nicht unsere Pflicht, ihr alles zu sagen? Aber dann ist es aus mit dem süßen Gefühl, dass kein anderer Mensch von unserer Liebe weiß.

Mit meiner Mutter hatte ich neulich ein peinliches Gespräch. Sie hat mir schon lange was angemerkt, und ich habe wohl auch mal unvorsichtige Äußerungen gemacht. Jedenfalls stellte sie mich eines Tages zur Rede. Sie hätte gemerkt, dass mich etwas immer beschäftigte, ich sollte mich ihr doch anvertrauen, sie wäre so in Sorge um mich, ich sollte keinen übereilten Schritt tun u.s.w., wie eine Mutter in solchen Fällen mit ihrem Sohn spricht. Ich glaube, sie ist immer noch bange, dass ich in Berlin irgendeine Liebe aus der Studentenzeit habe und mich von der nicht losreißen kann. Ich habe sie nach Kräften beruhigt, aber auf ihre direkte Frage, ob ich verlobt sei, gelogen: „Nein." War das unrecht, Käthe, Geliebte, oder war es recht, dass ich unser Geheimnis nicht verraten habe?

Weißt Du, wodurch meine Mutter vor allem argwöhnisch würde? Wir sprachen über das richtige Altersverhältnis bei Mann und Frau, und ich redete eifrig *pro domo*, indem ich erklärte, es schadete nichts, wenn die Frau etwas älter wäre.

Bei der Gelegenheit habe ich übrigens erfahren, dass meine Großmutter Söhle[23] 2 Jahre älter war als ihr Mann, und das war die glücklichste Ehe, die man sich denken kann, nach den Schilderungen meiner Mutter. Auch mein Großvater Sieveking[24] heiratete eine Frau, die mehrere Jahre älter war, allerdings erst in zweiter Ehe, als Vater von sechs Kindern. Kann ich mich da nicht immer auf das leuchtende Vorbild meiner beiderseitigen Großeltern berufen, wenn man wegen unseres Altersverhältnisses Bedenken hat?

Denn darauf müssen wir gefasst sein, Käthe, dass die Menschen reden werden und es in ihrer Weisheit für verkehrt oder zum mindesten für schade erklären werden, dass ich ein Jahr jünger bin als Du. Aber das soll uns nicht kümmern; wenn wir uns lieb haben, kann es ja gleichgültig sein, was die Welt sagt.

Neulich habe ich Euer Familienbuch in der Hand gehabt, ich fand es bei meinem Corpsbruder Lutteroth[25], der es sich von Arthur Roosen[26] geliehen hatte. Am liebsten hätte ich es mitgenommen und nicht wieder herausgegeben, aber ich musste mich begnügen, einen flüchtigen Blick hineinzuwerfen. Später muss ich es mir mal verschaffen.

Ich muss mich jetzt anziehen, heute Mittag muss ich einen notwendigen Besuch machen, dann muss ich noch einiges arbeiten. Zu Tisch sind meine Geschwister bei uns. Darum will ich Dir für heute Lebewohl sagen, Du liebe, einzige Käthe.

Fortsetzung morgen.

Montag, den 12.2.06, 7 Uhr abends [Ängste, große Familie]
Heute war wieder ein mühseliger Tag. Ich habe schon wieder Sitzung gehabt, ich glaube, man will mich zum Abschied noch ordentlich ausnutzen. Na, heute habe ich jedenfalls zum letzten Mal den Talar des Staatsanwaltes angezogen, in 3 Tagen wird übergesiedelt.

Ich habe heute Abend in der Zeitung vergeblich nach der telegraphischen Anzeige von der Ankunft der „Erna Woermann" in Swakopmund gesucht. Ob Ihr wohl noch nicht angekommen seid? Am 17.2. wollt Ihr doch schon wieder abfahren? In Deinem Brief steht, Ihr würdet mit dem „Hans Woermann" zurückfahren, als Adresse gibst Du mir aber die „Ernst Woermann" an. Hoffentlich ist letzteres auch wirklich richtig. Ich habe eine Heidenangst, dass dieser Brief nicht in Deine Hände kommt. Der Gedanke, dass er Dich verfehlen könnte, vielleicht von der Post geöffnet wird oder in der Welt herumirrt, ist mir schrecklich. Ich werde darum auf das Couvert unauffällig hinten drauf schreiben: „Absender S. 116. Postlagernd Hamburg 17".

Du schreibst zu Anfang Deines Briefes, dass Dich der Gedanke quält, ich könnte in dieser langen Zeit eine andere lieber gewinnen als Dich. Glaubst Du das wirklich, Käthe, hältst Du mich für so wankelmütig? Dieser Brief wird Dich hoffentlich eines Besseren belehren. Was soll ich denn erst denken? Du bist als einziges junges Mädchen von einem Schwarm von Offizieren umgeben. Ja, mir kommt auch wohl mal der Gedanke, dass Du in diesem glänzenden Hofstaat mich vergessen könntest. Aber das sind nur Stimmungen, die die lange Trennung mit sich bringt und die einen überkommen, wenn man abgespannt und herunter ist. Ernsthaft denke ich doch nicht daran, und Du tust es hoffentlich auch nicht.

Gestern im Geschwisterkreis malte ich mir immer aus, wie es sein würde, wenn Du erst dabei sitzt. Du sagtest damals, Du hättest Angst vor meiner Familie. Das brauchst Du wirklich nicht zu haben. Du wirst Dir die Herzen bald gewinnen. Ein eigenes Gefühl muss es freilich sein, wenn man plötzlich 10 Schwäger und Schwägerinnen mit 14 Neffen und Nichten bekommt. Ich schreibe so, als ob Du meine Braut bist, und doch hast Du mir eigentlich noch gar nicht gesagt, dass Du meine Frau werden willst. Aber eine offizielle Erklärung brauche ich von Dir doch nicht erst zu hören, nicht wahr, geliebte, süße Käthe?

Gestern Abend war die Rede von einer neuen Streitschrift, die Pastor Glage[27] veröffentlicht hat. Daran knüpfte sich eine längere religiöse Debatte. Ich hielt mich möglichst zurück, denn solche Debatten erregen mir zu leicht die Gemüter, führen nur zu Verstimmungen und nie zu einer Einigung. Aber auch dabei musste ich immer an Dich denken. Das wird wohl ein Punkt sein, in dem Du Dich mit meiner Mutter nicht finden wirst.

Hier spricht jetzt alles von einer traurigen Geschichte. Kennst Du den hiesigen Amtsrichter Dr. von der Meden? Der hat vor etwa 14 Tagen in Bremerhaven geheiratet und ist 2 Tage nach der Hochzeit spurlos verschwunden. Er hat in Hannover im Hotel seine Frau verlassen mit der Angabe, er wolle ein Telegramm aufgeben und werde gleich wiederkommen, und ist seitdem nicht wieder gesehen worden. Man vermutet plötzliche Geistesstörung und Selbstmord. Für die arme Frau muss es furchtbar sein. Mir geht die Sache sehr nach, weil ich von dem Mann geschwärmt habe und ihm viel verdanke. Ich habe als Referendar ½ Jahr bei ihm gearbeitet, und er hat sich immer rührend mit mir beschäftigt. Er war eminent tüchtig, und jeder versprach ihm eine glänzende Zukunft. Auch heute in der Sitzung hatten wir einen traurigen Fall. Wir haben einen jungen Mann in meinem Alter namens Kroeplin wegen Unterschlagung zu 10 Monaten Gefängnis verurteilt. Kennst Du die Familie? Seine Schwestern gingen mit meiner Schwester Gretchen [Mestern[28]] zur Schule, und ich erinnere mich noch, dass ich meine Schwester abholen musste, wenn sie da zu Besuch war. Es macht einen schrecklichen Eindruck, wenn ein Mensch aus guter Familie so herunterkommt, er ist doch für immer aus seinen Kreisen ausgestoßen.

Ich glaube, ich will lieber wieder aufhören zu schreiben, denn sonst wächst dieser Brief ins Unermessliche. Freilich werde ich die nächste Zeit wohl weniger schreiben können, auch jetzt schon warten die Akten auf mich. Ob ich wohl noch einen Brief von Dir bekomme, ehe ich diesen abschicke? Jedenfalls frage ich vorher nochmal bei Postamt 17 an. Ich schicke diesen Brief aber lieber etwas zu früh ab, damit er mir ja nicht zu spät kommt. Vielleicht schicke ich dann ein paar Tage später noch einen zweiten nach. Für heute sage ich Dir wieder Lebewohl, Du Liebe: Heute in 6 Wochen ist der 26.3. Ob ich Dich wirklich dann erst wieder habe?

Dienstag, den 13.2.06, 6 Uhr abends [Erinnerung]

Heute wirst Du schlecht behandelt. Es langt nur für ein paar Worte. Ich komme nämlich eben erst von der Arbeit nach Hause und soll um 6 ½ Uhr schon bei meiner Schwester essen, um nachher zu Behrmann[29] zu gehen. Hinterher habe ich mich mit Freund Wedekind[16] zum Glas Bier verabredet und dann muss ich eigentlich noch arbeiten, wenn ich nicht zu Haus sein werde. Wenn man seine Tätigkeit an einen anderen abtreten soll, muss man doch sehen, dass man ein möglichst reines Feld hinterlässt, daher habe ich in diesen Tagen noch so viel aufzuarbeiten.

Erinnerst Du Dich noch an heute vor 4 Wochen? Da versuchtest Du vergeblich, mich zu treffen, und ich fand erst, als ich um 6 Uhr morgens nach Hause kam, Deinen Brief vor. Und morgen sind schon 4 Wochen vergangen seit dem denkwürdigen Mittwoch, und bald ist schon die Hälfte der Trennungszeit vorbei; d.h. wer weiß das, vielleicht kommt plötzlich wieder etwas dazwischen, dass es noch viel länger dauert. Es beschäftigt mich, dass ich noch nicht die Ankunft der „Erna Woermann" gelesen habe, ich kann mir nicht denken, dass ich es übersehen hätte. Aber vielleicht steht es heute in der Abendzeitung. Ich muss mich fertig machen und fortgehen. Leb' wohl, liebe Käthe

Mittwoch, den 14.2.06, 11 ½ Uhr abends [Zeitungsmeldung]
Heute war ein mühseliger Tag. Ich habe bis eben gearbeitet, um mit allen Sachen aufzuräumen, und diesen Augenblick die letzte Akte weggelegt. Hoffentlich schimpft mein Nachfolger nicht zu sehr über mich. Es ist eigentlich Zeit, zu Bett zu gehen, aber ich glaube, ich schlafe nicht gut, wenn ich Dir nicht noch ein paar Worte schreibe. Heute Abend lese ich in der Zeitung, dass der am 18.1. abgegangene Truppentransport am 11.2. in Lüderitzbucht angekommen sei. Danach musst Du ja etwa am 9.2. schon in Swakopmund gelandet sein. Hoffentlich ist das richtig, ich wundere mich nur, dass unter den Schiffsnachrichten nichts stand.

Ich bekam heute eine Aufforderung zu einem Gesellschaftsabend des Vereins für Kunst und Wissenschaft am 8.3.: Vorträge von Liliencron[30] und Falke[31], Gesang von Frl. Schünemann, Begleitung von Ammermann[32], dann Souper und Ball. Wenn wir das gemeinsam mitmachen könnten, wäre es gar nicht übel. Aber allein gehe ich sicher nicht hin. Ich grübele immer schon nach, was wir nach Deiner Rückkehr gemeinsam unternehmen können, aber bis jetzt kann ich noch keine guten Vorschläge machen. Das Kaffeetrinken nach der Klinik [Käthes Arbeitsstelle] in der gemütlichen Ecke von heute vor 4 Wochen ist doch noch das Beste. Aber vielleicht lässt sich auch vor den geplanten sommerlichen Radtouren noch mal ein kleiner Sonntagsausflug arrangieren. Es war doch zu nett damals in Friedrichsruh.

Morgen kommt ein gräulicher Tag, der erste in meiner neuen Tätigkeit mit offiziellen Anmeldungen bei den neuen und Abmeldungen bei den alten Vorgesetzten. Und dann abends das dumme Fest bei Röpes[20], zu dem ich gar keine Lust habe. Übermorgen gehe ich zu Nikisch[33] [Dirigent], Wagnerabend, da habe ich jedenfalls mehr von. Ich will jetzt aufhören, ich muss morgen früh aus dem Bett.

Gute Nacht, liebe Käthe

Freitag, den 16.2.06, 5 Uhr nachm. [Neue Aufgaben]
Glaub nicht, dass meine Schreiblust erlahmt ist, weil ich gestern ausgesetzt habe, es fehlte mir an Zeit und Ruhe. Tagsüber habe ich mich gestern beim Syndikus Schaefer[34] und den Räten der Justizverwaltung an- und bei den Staatsanwälten abgemeldet und mich von meinem Mitassessor in meine neue Tätigkeit einführen lassen. Sie besteht zunächst wohl ausschließlich in der Bearbeitung von Gnadengesuchen. Jeden Tag laufen so 5-10 solche Gesuche ein, ich habe dann die Akten genau zu prüfen und von Zeit zu Zeit dem

Syndikus darüber Vortrag zu halten und Vorschläge zu machen. Er lehnt dann die Gesuche entweder gleich ab, oder, wenn er für Begnadigung ist, trägt er die Sachen im Senat vor, bei kleinen Sachen kann er auch selbst begnadigen. Für die Sachen, die vom Senat beurteilt werden, muss ich dann längere schriftliche Referate machen. Wie jede neue Tätigkeit ist auch diese zunächst ungewohnt und mühselig, auch wird sie wohl auf die Dauer recht eintönig und wenig instruktiv sein, ich hoffe aber sehr, mit der Zeit auch zu anderen Arbeiten herangezogen zu werden, wie mein Kollege. Letzterer ist nun, was für mich nicht gerade sehr nützlich ist, ein außergewöhnlich begabter kenntnisreicher Mensch und Arbeitstier erster Klasse, neben dem es schwer sein wird aufzukommen und etwas zu gelten. Er ist aber ein sehr netter Mensch, mit dem ich mich bis jetzt gut stehe, und bei dem ich in allen Dingen immer mit Unterstützung rechnen kann. Zum Frühjahr wird er jedenfalls schon zum Rat befördert werden.

Ich kam gestern erst ¾ 6 nach Haus und musste mich sofort für Röpes[20] fein machen, wo eine ganze Menge teils alter, teils junger Leute waren. Es war ganz nett, aber nichts Besonderes, irgendwas angefangen wurde nach Tisch nicht. Ich hatte ein Frl. Breimann an der rechten Seite zu Tisch, an meiner linken Seite saß Erica Röpe. Wir haben uns ganz gut unterhalten. Ich dachte immer, ob Frl. Röpe mich wohl eingeladen hätte und sich an meine linke Seite – das ist doch immer die verdächtige Seite – gesetzt hätte, wenn sie von diesem Brief wüsste? Ich glaube kaum. Meine Mutter denkt immer noch, dass ich mich für sie interessiere, und heute Morgen wurde ich tüchtig ausgefragt. Ich habe mich innerlich amüsiert. Je mehr ich zeige, dass sie mir gleichgültig ist, desto weniger glaubt man es mir zu Hause.

Nach dem Fest habe ich noch mit Tonis[1] Bruder Ernst [Meyer] ein Glas Bier getrunken, das ist ein sehr netter Mensch, obwohl Otto[2], glaube ich, manches an ihm auszusetzen hat.

Ich kam erst um 1 Uhr nach Hause und war zu müde, um noch zu schreiben. Vom heutigen Tage ist nichts Besonderes zu berichten, ich habe eine ganze Reihe von Akten durchstudiert, über die ich morgen noch berichten muss. Heute Abend geht's zu Nikisch[33], wo ich leider nur einen Stehplatz habe. Wenn ich Dich da doch träfe.

Jetzt ist die Hochzeit meines Bruders [Hermann][22] doch wieder auf den 29.3. verlegt. Wenn Du also am 27. ankommst, ist es fraglich, ob wir uns vorher noch sehen. Meine Eltern werden schon am 27. nach Duisburg fahren. Ich hoffe aber immer sehr, dass Du schon wieder da bist.

Jedenfalls sollst Du bei Deiner Rückkehr ein Lebenszeichen von mir vorfinden. Aber etwas anderes als meinen schriftlichen Gruß kann ich Dir nicht schicken, das würde doch auffallen. Ob Du morgen wohl von Swakopmund wieder abfährst?

Ach, Käthe, wie froh wäre ich, wenn [ich] Dich erst mal sicher auf der Heimreise wüsste. So, für heute muss ich wieder Schluss machen. Entschuldige diese schrecklichen Lappen, auf denen ich schreibe, und das Geschmier und die Tintenklekse. Immer, wenn ich diese Bogen weglege, bekommst Du *in effigie* einen Kuss. Ein schwacher Trost.

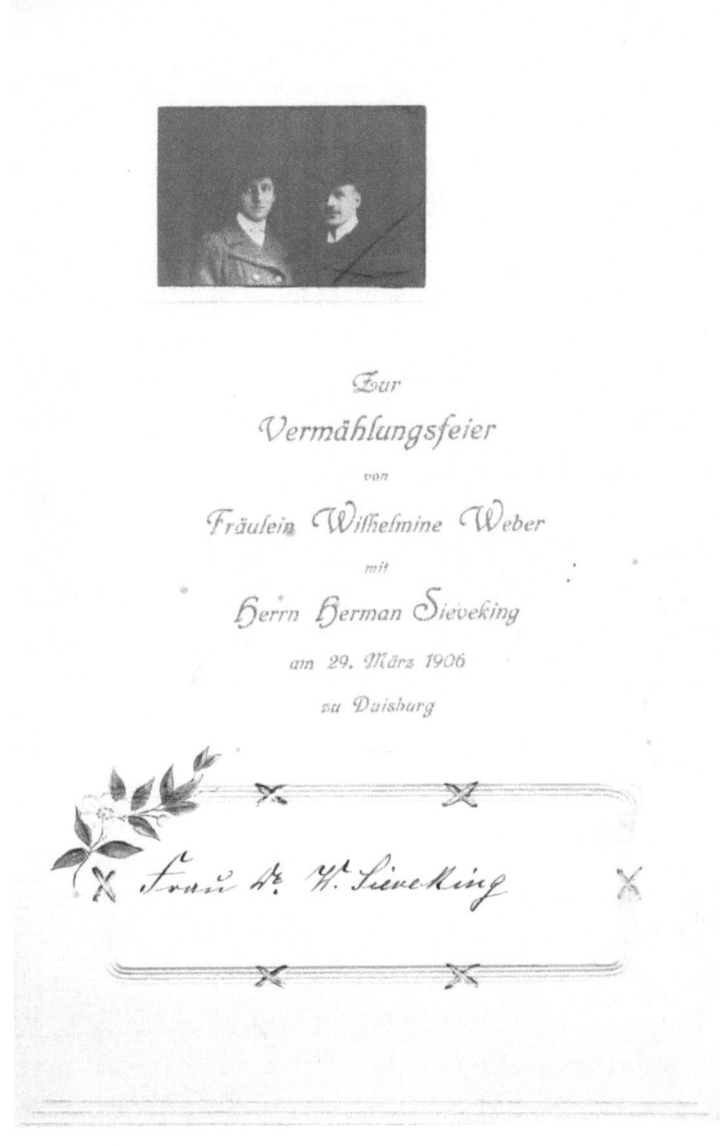

Zur

Vermählungsfeier

von

Fräulein Wilhelmine Weber

mit

Herrn Herman Sieveking

am 29. März 1906

zu Duisburg

Frau Dr. W. Sieveking

Abb. 6 Tischkarte zur Vermählung des Bruders Herman(n) Sieveking
mit Wilhelmine Weber am 29.3.1906

Sonnabend, den 17.2.06, 8 ¼ abends [Fragen der Eltern]

Das war heute Morgen eine Überraschung, als ich Deinen lieben Brief auf dem Kaffeetisch fand. Ich hatte vor Montag oder Dienstag eigentlich nicht darauf gewartet und wollte dann zur Post gehen. Wie schade, dass er nicht etwas eher gekommen ist. So wird Dich der Brief, den ich heute abgeschickt habe, wohl kaum in Monrovia erreichen. Aber versucht habe ich es doch. Dass ich mich unbeschreiblich über Deinen Brief gefreut habe, brauche ich eigentlich gar nicht zu sagen, das einzig Bittere dabei ist, dass ich jetzt bis zu Deiner Rückkehr nichts mehr höre, der zweite Brief von Dir war in letzter Zeit für mich immer eine so schöne nahe bevorstehende Aussicht, nun ist die erfüllt, und es kommen noch 4 oder 5 trübe Wochen ohne ein Lebenszeichen von Dir. Dass ich nun gleich wieder zu jammern anfange, anstatt mich zu freuen und Dir für Deinen Brief zu danken, ist unrecht, aber das Jammern sagt Dir ja schließlich genug, dass ich Sehnsucht nach Dir habe und dass Du mir von Tag zu Tag mehr fehlst.

Jetzt will ich Dir aber noch Näheres schreiben, wie es mir mit diesem Brief erging. Also mein Vater fragte, wer mir denn wohl aus Liberia geschrieben hätte, worauf mir keine geschickte Lüge einfiel. So dass ich einfach sagte, Du hättest geschrieben.

Darauf wurde natürlich gefragt, und ich musste viel erzählen. Ich stellte die Sache natürlich ganz harmlos dar, wir hätten uns ja in Sylt [s. Abb. 5] gut kennengelernt, dann auch hier häufiger, z.B. bei Toni Söhle[1], getroffen, und ich hätte Dich gebeten, Du möchtest mir doch mal von Deiner Reise einen Gruß schicken.

Abb. 7 Ulrichs Eltern Caspar Wilhelm Sieveking und Caroline,
geb. Söhle (um 1896)

So harmlos ich tat, so witterte meine Mutter doch natürlich
Unrat, besonders nach dem, was ich neulich mit ihr über
Heiraten geredet habe. Darauf zog ich die Sache ins Scherz-
hafte und sagte: „Du denkst jetzt natürlich, das sei die Aus-
erwählte", worauf sie meinte, die Sache scheine ihr doch
nicht ganz geheuer zu sein. Darauf habe ich sie ausgelacht
und ihr gesagt, sie solle um Gottes Willen nicht verbreiten,
dass ich mich für Dich interessiere. Na, kurz und gut, die
Eltern denken sich wohl ihren Teil, aber das schadet ja
schließlich nichts, mal erfahren sie es doch, und dann sind
sie schon etwas vorbereitet. Zunächst werden sie jedenfalls
nicht weiter in mich dringen, nur müssen wir möglichst ver-
nünftig sein, wenn wir ihren Argwohn nicht weiter nähren
wollen. Du bist hoffentlich nicht böse darüber, dass ich

meinen Eltern gesagt habe, der Brief sei von Dir. Du musstest auf so etwas gefasst sein, wenn Du ihn hier ins Haus schicktest. Meintest Du wirklich, ich könnte vergessen, zur Post zu gehen? Aber freilich, Du wolltest ja, dass der Brief möglichst bald in meine Hände käme, und auf dem Postamt hätte er leicht 2 oder 3 Tage liegen können. Na, die Sache muss sich nun historisch weiter entwickeln. Ich habe meiner Mutter unter anderem gesagt: Erzähl nur nicht dem strengen Staatsanwalt[2] von dem Brief, sonst denken er und Toni[1] sich gleich alles Mögliche, woran gar nicht zu denken ist. Ich möchte wohl wissen, ob die sich wirklich noch nichts denken. Eins ist sicher, dass Toni sich riesig freuen wird, wenn sie erfährt, was mit uns los ist.

Ich muss aufhören und zu meinem Bruder gehen, um da Tee zu trinken und meine Mutter nach Hause zu bringen. Morgen schreibe ich noch was, und dann schicke ich diesen Brief vorsichtshalber ab.

Leb wohl, geliebte Käthe

Sonntag, den 18.2.06 [Pläne, Absendung nach Las Palmas]
Dieser Sonntag soll noch zum Schreiben benutzt werden, dann geht der Brief ab und kommt hoffentlich rechtzeitig in Las Palmas an. Wenn Du da nichts fändest, würdest Du doch gewiss denken, ich hätte Dich vergessen. Hoffentlich bist Du nicht zu enttäuscht, wenn Du in Monrovia nichts findest. Ich muss noch mal auf das, was ich gestern schrieb, zurück kommen. Ich habe jetzt doch den Eindruck, dass meine Eltern sich noch nichts weiter denken, ich glaube, da kannst Du ganz ruhig sein. Ich erwähne das noch mal, weil

Du ja schreibst, wir wollten uns in Zukunft noch mehr in Acht nehmen als bisher.

Dann muss ich noch auf eines in Deinem Brief eingehen. Du fragst, ob ich auch wüsste, dass es eine sehr ernste Angelegenheit sei, die wir miteinander verhandeln. Ja, Käthe, darüber bin ich mir vollkommen klar, und ich glaube auch, dass Du das aus meinem Brief herauslesen wirst. Erinnerst Du Dich, dass wir vor einiger Zeit schon mal über den Ernst eines solchen Schrittes, wie wir ihn doch vorhaben, sprachen? Damals rechnete ich schon damit, dass es zwischen uns soweit kommen würde, wie es jetzt geschehen ist. Wir kamen damals zu dem Resultat, dass man sich doch eigentlich erst dann wirklich kennen lernt, wenn man so zueinander steht, wie wir beide jetzt, d.h. wenn man sich verlobt hat, und dass man erst in der Verlobungszeit, wenn man sich ganz aussprechen kann und nichts mehr voreinander verbirgt, zu der Erkenntnis kommt, ob man wirklich zueinander gehört.

Wenn Du schreibst, Du merktest so sehr, wie viel wir uns noch zu sagen hätten, so liegt darin doch, dass wir uns noch viel näher kennen lernen müssen. Und das ist sicher richtig, aber ich habe die feste Zuversicht, dass, je mehr wir uns kennen lernen, wir desto besser zueinander halten werden. Freilich wird mir dann manchmal bange, wenn ich bedenke, was Du an schlechten Eigenschaften und Fehlern noch alles an mir entdecken wirst und was ich Dir noch alles zu beichten habe, und es kommen mir oft Zweifel, ob ich auch gut genug für Dich bin. Aber offen wollen wir miteinander sein, und wenn Du mich dann trotz aller meiner Schwächen noch gern hast, dann ist es gut. Du hast gewiss Recht, man müsste so viel sagen, was man nicht schreiben kann, und ich habe in diesen Blättern gewiss schon viel zu viel geschrieben und vielleicht nicht alles so richtig zum Ausdruck gebracht, wie ich es denke, aber eines wirst Du aus jeder Zeile herauslesen, dass ich Dich lieb habe, und das ist doch die Hauptsache.

Mir fällt noch eine Sache ein, die Du in Deinem ersten Brief berührst hast. Du meinst, ich wäre dagegen, dass Du Dich „abrackertest". Ich bewundere Dich immer, wie tätig Du bist und wie vielseitig tätig, aber ich fürchte immer, Du mutest Dir zu viel zu. Ich hatte öfters den Eindruck, dass Du zu sehr gegen Dich angehst. Du hast mir auch mal geschrieben, Du wärest hier immer so abgehetzt. Gewiss sollst Du so viel tun, wie Du kannst, aber auch ja nicht mehr, und es ist grundverkehrt, gegen die Schwäche des Körpers, namentlich der Nerven, zu sehr anzugehen. Das rächt sich immer. Hoffentlich tut Dir diese Reise körperlich recht gut.

Ich möchte jetzt schließen. Vielleicht schicke ich noch einen Nachtrag in die Welt hinaus, sonst sollst Du jedenfalls in Hamburg etwas vorfinden. Meine Hauptaufgabe in den nächsten Wochen wird sein, die Fahrt der „Erna Woermann" zu verfolgen. Für die Fahrt von Las Palmas hierher hast Du ja genug Lektüre.

Wenn nicht alles nach Deinem Sinn ist, was ich geschrieben habe, verzeih es. Es ist eine Art Tagebuch und gibt Dir jedenfalls ein treues Bild von den Gedanken, die mich beschäftigen. Nun leb wohl, Du Geliebte, ich sende Dir tausend Grüße.

In Liebe, Dein Ulli

2. Käthe macht Urlaub im Harz (Juli)

Hamburg, 6.7.06 [Michelbrand]

Meine geliebte Käthe. Heute ist erst der vierte Tag der Trennung, und schon werde ich lebhaft an die Zeit der afrikanischen Reise erinnert, in der ich die Tage bis zu Deiner Rückkehr immer wieder zählte und jeden Tag überlegte, ob nicht ein Brief für mich da wäre. […] Ich denke immer noch an Montag, die gemeinsame Fahrt in der Klingelbahn war doch zu nett. […] Am Dienstag hast Du ein ergreifendes, aber doch wundervolles Schauspiel versäumt, Du wirst gewiss schon davon gehört und gelesen haben. Ich habe den Brand der [Michaelis] Kirche vom Dach des Justizgebäudes gesehen. Der Einsturz des brennenden Turmes war wirklich ein grandioses Schauspiel. […] Gestern waren Mesterns [Schwester Grete[28] und ihr Schwager Hermann[35]] bei uns, und ich habe mit Hermann Mestern den ganzen Abend über dem englischen Baedecker gesessen. – Beschlossen ist erst mal, am 4. August mit der „Deutschland" nach Dover zu fahren, dann nach London und wahrscheinlich nach Wales, das noch schöner als Schottland sein soll. […]

Wie ist es, Käthe, können wir uns, wenn Du zurückkommst, nicht wieder in Soltau treffen? Wir könnten uns dann ja in Harburg eventuell trennen. Aber Deine Schwester fährt gewiss auch über Soltau und wohl gleichzeitig mit Dir und für mich zu früh? Sonst wäre es doch nett, wenn wir dieselben Züge wie neulich benutzten. […]

Hoffentlich genießt Du die Reise recht und kommst frisch und braun wieder heim. Wenn ich erst in England bin, sollst Du Interessanteres hören. 1000 Grüße und einen Kuss
von Deinem Ulli

3. Ulrich macht Urlaub in Großbritannien (August)

3.1. Llandudno, 15.8.06 [Badeort mit Autos]

Meine geliebte Käthe,

ich hatte mir ausgerechnet, dass ich heute einen Brief von Dir bekommen könnte, und pünktlich ist er eingetroffen. Breakfast-Zeit ist hier erst um 8 ½ Uhr, und wir erscheinen, wenn wir keine größere Tour vorhaben, auch erst um diese Zeit. Heute bin ich schon um 8 Uhr heruntergekommen, um diesen Brief in Empfang zu nehmen, ohne Mesterns[28,35] erstaunten Blicken und Fragen nach dem Absender begegnen zu müssen. Ich bin gleich damit auf eine Bank an der Meerpromenade gegangen und habe ihn in Ruhe durchgelesen. Als ich zurückkam, fand ich Mesterns schon beim Frühstück. [...]

Ja, ich genieße die Reise wirklich sehr, und wenn die Trennung von Dir nicht wäre. so würde mich nichts wieder nach Hamburg ziehen. Wie würden wir es hier zusammen genießen.

Ein Tagebuch schreibe ich nicht, aber jeden Tag eine Karte nach Hause, auf der ich kurz unsere Erlebnisse berichte. So kann ich später genau unsere Wege wiederfinden.

Das Land ist reizend hier; das Zusammentreffen von Meer und Gebirge ist für mich immer besonders reizvoll. Die Berge sind zwar nicht viel höher als der Harz, aber sie erheben sich schroff direkt vom Meeresspiegel und sind viel wilder als unsere Mittelgebirge, machen z.T. wirklich den Eindruck des Hochgebirges. Dabei gibt es reizende Täler mit Wasserfällen, Wald, schönen alten Burgen u.s.w. und dabei das elegante Badeleben. Freilich ist das Meer hier augenscheinlich immer ruhig und der Strand nicht berühmt, daher auch das Baden nicht weit her. Auch ist alles proppenvoll von Menschen, noch ganz anders als in Westerland. Alles fährt hier per *motor-car*, wer keins hat, wird beinahe schief angesehen. Wir begnügen uns mit Radtouren, die uns großes Vergnügen machen. Auf großartigen Straßen meilenweit bergab zu rollen durch reizende Gegenden, macht wirklich Spaß. Das Wetter ist etwas veränderlich, es soll hier nie ganz ohne Regen abgehen, und die Berge sind vielfach verschleiert. Aber manchmal gibt es die schönsten Lichteffekte, wenn die Sonne durchscheint. Der Wetterwechsel kommt manchmal überraschend schnell.

Ich schreibe wieder in aller Eile. Wir haben heute eine Dampfertour nach der Insel Anglesea gemacht, haben eben gegessen und dann weitere Pläne gemacht, die zu dem Resultat führten, dass wir hier morgen abreisen, zunächst ins Innere von Wales, dann langsam südlich, Direktion Bristol, und dann noch nach Devonshire reisen wollen. Als nächste Adresse gebe ich Dir an: Ilfracombe, Ilfracombe Hotel. […]

Neben mir sitzt Mestern[35], der denkt, dass ich nach Hause schreibe, und drängt mich, zu Bett zu gehen, weil es schon 11 Uhr ist und wir morgen ziemlich früh fort müssen. […]

Wenn wir doch erst weiter wären. Ich weiß, dass Dir diese Wartezeit sehr schwer wird, und ich wollte, ich könnte sie verkürzen. Aber sei mir nicht so unglücklich in dieser Trennungszeit, und mach Dir nicht so viel schwere Gedanken.

Denk Dir, plötzlich geht das elektr. Licht im Schreibzimmer und sämtlichen anderen Wohnzimmern aus. Ich schließe darum notgedrungen. Leb wohl, geliebte Käthe, in 2 ½ Wochen sehen wir uns wieder.

Einstweilen herzliche Grüße von Deinem Ulli

3.2. Ilfracombe, 23.8.06, 10 Uhr abends [Reise durch Wales]
Meine geliebte Käthe [...]
Deinen Brief habe ich mit Interesse gelesen. Wie tut es mir leid, dass es Deiner Schwester wieder nicht gut geht. Hoffentlich ist es nichts Schlimmes. Auch Deine Mutter tut mir so leid. Ich sehe ja auch an meiner Mutter, wie deprimierend es ist, wenn man immer in Sorgen ist. Dass Du Elsa R[oosen][36] gebeichtest hast, ist ja ein großes Ereignis in unserer Geschichte. Ich kann mir denken, dass sie baff war, wüsste nur zu gern, was sie dazu gesagt hat. [...]

Dann der Sylter Plan. Dass ich sehr dafür bin, dass Du nach Sylt gehst, weißt Du ja. Aus Deinem Brief entnehme ich, dass Du wieder viel zu tätig bist und gewiss eine kleine Erholung gut gebrauchen kannst. [...] Aber ich will Dir nicht in Deine Pläne hineinreden, Du musst wissen, was Deine Pflichten und Finanzen Dir erlauben. [...]

Wir haben hier 2 reizende schöne, aber heiße Tage verlebt. Gestern habe ich den ganzen Nachmittag müßig am Meer gesessen, es war wundervoll bei dem strahlenden Wetter. Heute haben wir eine größere Fußtour nach Westen gemacht und sind erst zum Dinner wiedergekommen.

Ilfracombe ist nicht so elegant wie Llandudno, aber eigentlich noch schöner gelegen, besonders unser Hotel, ein Riesenkasten, liegt großartig am felsigen Ufer, mit einer großen Terrasse, auf der man ganz ungestört faulenzen kann und dem Getümmel des Badelebens vollständig fern ist. Übrigens haben wir schon gestern Abend anständige Zimmer bekommen.

In der Woche vorher sind wir viel herumgereist. Zuerst von Llandudno an die Westküste nach Barmouth, einem kleinem Badeort, von dem man schöne Touren ins Gebirge machen kann. Eine ist uns leidlich geglückt, wirkliche Bergtouren erlaubte das Wetter nicht. Dann ging es quer durchs Land nach Shrewsbury, weiter nach Hereford und dann eine entzückende Tagestour das Wye-Tal hinunter nach Chepstow, teils per Bahn, teils zu Fuß, Ruderboot und Wagen. Die Gegend soll in mancher Hinsicht dem Moseltal ähnlich sein, ich wurde sehr an die sächsische Schweiz erinnert. Hohe steile Flussufer, wunderschön mit Wald bedeckt. Der Glanzpunkt war Tintern Abbey, eine köstliche Ruine, auf einer Wiese am Fluss gelegen und ringsum von waldigen Höhen umgeben. Die Karten, die ich mitbringe, geben die Schönheit leider nicht annähernd wieder. Gerade dieser Höhepunkt wurde durch ein Abenteuer etwas gestört, das ich Dir im Einzelnen später erzählen will.

Wenn Du das, was jetzt kommt, gelesen hast, wirst Du vielleicht nichts mehr von mir wissen wollen. Ehe Du weiter liest, hole Dir noch ein Stärkungsmittel, falls Dich eine Ohnmacht anwandeln sollte. Also denke Dir, der Mann, dessen Gattin Du werden willst, ist am letzten Montag von der englischen Polizei als Hochstapler festgenommen worden. In der Erinnerung ist die Geschichte eigentlich sehr amüsant, aber im fraglichen Moment war es doch etwas störend, wenn auch, wie ich glaube, das Publikum nichts bemerkt hat. Ich will jetzt aber schließen, liebe Käthe. […]

Wenn gerade ein schöner Amerika-Dampfer fällig ist, fahren wir vielleicht wieder zu Schiff.

Nun leb wohl, Du Geliebte, viele herzliche Grüße und einen Kuss von Deinem Ulrich

4. Käthe, macht Urlaub auf Sylt (September)

Hamburg, den 16.9.06 [Familie, Ehegespräche, Afrika?]

Meine geliebte Käthe, heute war hier ein kalter, nasser Sonntag. Bei Euch in Westerland wird er gewiss nicht besser geraten sein, und ich denke mir, ich habe es hier behaglicher gehabt als Du. Ich habe morgens und nachmittags in der Bibliothek meines Vaters herumgestöbert und manche mir bisher unbekannten Schätze entdeckt. Es geht doch nichts über eine behagliche Beschäftigung mit guten Büchern, wie schade, dass man ja selten Muße dazu hat.

Abends Familientag mit sämtlichen Enkeln, ein wahrer Kontrast zu dem beschaulichen Vor- und Nachmittag. Du weißt ja, wie ich das schätze. Dann der übliche Skat, bei dem man dem Klönen der andern lauschte. Heute wurden auch wieder sämtliche Polterabende besprochen, die wir bisher erlebt haben.

Das endet dann immer mit der Frage, wie meiner wohl wird. „Es wird keinen geben", sagt meine Mutter, „kriegst aber doch einen." – „Hat er denn schon eine Braut?" fragte Ida [Frau des Bruders Wilhelm[37], Abb. 8]. „Ich weiß nicht", sagt die Mutter mit vielsagendem Blick. „Gewiss an jedem Finger eine", meint Lulu [Frau des Bruders Friedrich[14], Abb. 9]. Ich bewahre dabei ein eisiges Schweigen.

Eben habe ich dann noch mit meiner Mutter und Gretchen[28] ein langes und ernstes Gespräch über die Ehe geführt. Anlass dazu gibt immer die Ehe meines Bruders Wilhelm[37], die wir uns alle nicht als das Ideale vorstellen.

Abb. 8 Bruder Wilhelm Sieveking und Frau Ida, geb. Burchard
(um 1900)

Auch dieses Gespräch endet natürlich mit meiner späteren Ehe, und während Gretchen vor allem verlangt, dass ich eine kluge Frau nehme, kommt Mama immer mit dem Refrain: Wenn sie nur religiös, d.h. natürlich kirchlich ist. Meine Erwiderung, es komme nur darauf an, dass man religiöse Fragen ernst nehme und es sei besser, Freidenker zu sein, als das Hergebrachte gedankenlos mitzumachen, befriedigte wenig.

Abb. 9 Bruder Friedrich Sieveking mit Familie (um 1903)
v.l.n.r.: Fanny (2), Luise (32), Nikolaus (4), Mathilde (6),
Wilhelm (8), Friedrich (36)

Ja, Käthe, Du glaubst gar nicht, mit welcher Spannung man
auf Dein Auftreten wartet, und ich denke schon mit Entset-
zen daran, wie Du von allen Seiten kritisiert werden wirst,
d.h. ich fürchte nicht etwa, dass Du dabei schlecht ab-

schneidest, aber ich habe Mitleid mit Dir. In Deiner Familie wird es mir ja freilich nicht besser gehen, und es ist ja auch alles ganz gleichgültig, wenn wir nur miteinander einverstanden sind.

Nun habe ich Dir noch nicht für Deinen lieben Brief gedankt, der gestern, wie erwartet, eintraf. Du machst Dir so viel Gedanken, wie es im Winter mit uns werden soll. Ich denke einfach so: Wir sind beide darin einig, dass wir möglichst kurze Zeit öffentlich verlobt sein wollen. Da wir nun so bald noch nicht heiraten können, jedenfalls nicht vor nächsten Sommer, so wäre es ja wünschenswert, wenn wir diesen Winter noch alles für uns behalten könnten. Aber wenn es nicht geht, dann hilft es eben nichts. Unser bisheriges Leben, das für den Sommer ja ganz nett war und seine großen Reize hatte, im Winter weiterzuführen, ist unmöglich. Darin hast Du vollkommen Recht. Dass Du nach Afrika gehst oder anderswo irgendeine Beschäftigung anfängst, ist ebenso ausgeschlossen. Erstens hast Du wieder vollkommen Recht, dass Du das Deiner Mutter und Schwester nicht antun kannst, und dann würde ich Dich auch nicht so lange entbehren können. Schrecklicher Gedanke, wenn Du wieder nach Afrika gingest [s. Käthes Gedanken in „Afrika" S. 32]. Über Deine Idee, irgend etwas zu studieren, musste ich lächeln. Das war wohl ein etwas verzweifelter Gedanke. Aber auch ein halbes Jahr irgendwo als Gast sein, ist etwas, was ich meinem Feind nicht wünschen möchte, wie viel weniger Dir. Und, wie gesagt, eine so lange Trennung würde ich auch nicht aushalten, selbst wenn Du in erreichbarer Nähe wärest. Bleibt also zweierlei: entweder hier nebeneinander leben mit lebhaftem Briefwechsel und gelegentlichem Zusammentreffen auf der Straße, auf die Dauer nicht auszuhalten. Oder beichten, und das wird das einzig Richtige sein. Vielleicht lässt es sich so machen, dass zunächst nur die Eltern eingeweiht werden. Ich will aufhören, liebe Käthe, es ist nach Mitternacht.

Leb wohl, Geliebte, herzliche Grüße und einen Kuss,
Dein Ulrich

5. Käthe zurück in Hamburg (September)

5.1. [Hamburg,] den 23.9.06 [Heimliche Briefe]
Meine geliebte Käthe,
ich schicke Dir, wie verabredet, ein paar geklapperte Couverts, in den verschiedensten Variationen zum gelegentlichen Gebrauch. Wenn freilich jeden Tag ein solcher ankommt, würde das auffallen.

Wir haben eben ein wirtschaftliches Gespräch geführt. Meine Schwester hat mir ihre Bücher gezeigt, und ich habe mit Grauen gesehen, was auch der einfachste Hausstand kostet. Und die Moral, die meine Mutter sofort daraus zog: Schaff Dir nur eine Frau an, die häuslich ist, die nicht in Vergnügen und Geselligkeit aufgeht und am liebsten mit Dir zu Hause ist. Dann kam wieder die peinliche Frage: Wenn Du nun jetzt Richter wirst, willst Du dann gleich heiraten, weißt Du schon jemanden, den Du fragen willst? Ich habe die Frage diesmal so gut wie bejaht, indem ich meiner Mutter sagte, ich hätte gerade einen Artikel über Psychologie gelesen, der das Eindringen in die Geheimnisse eines anderen Menschen verbiete. „Dann muss ich mich wohl bescheiden", meinte meine Mutter. Der Artikel ist gar nicht übel, es ist viel Wahres daran, namentlich, was von der Freundschaft gesagt wird. Und was nun von dem geistigen und seelischen Zusammenleben in der Ehe gesagt wird, scheint mir plausibel, obwohl ich ja noch keine Erfahrung darin habe; schwer verständlich finde ich den Aufsatz eigentlich nicht.

Also morgen, Mittwoch, musst Du noch schreiben. Es war doch schön heute Mittag.

Leb wohl, Liebste, einen Kuss in Gedanken,
Dein Ulrich

5.2. [Hamburg,] den 26.9.06 [Landrichter]

Meine geliebte Käthe, in aller Eile eine überraschende Nachricht. Ich bin heute zum Landrichter ernannt worden! Ich steh ganz ahnungslos nach Tisch beim Kaffee, als ein Brief von Senator Lappenberg[38] kam, der mir diese Nachricht brachte [s. Abb. 10].

Während wir im Dammtorbahnhof saßen, ist das große Ereignis geschehen. Ich bin in meinem Leben nicht so überrascht worden und noch ganz benommen davon. Ob wir uns nun Freitag sehen können, ist fraglich, Wahrscheinlich werde ich dann vereidigt, am 1.10. soll ich schon mit meiner Tätigkeit anfangen.

Ich schreibe Dir morgen wieder, einstweilen kann ich natürlich noch nicht über meine Zeit disponieren. Diese Ernennung wird Staub aufwirbeln und bei denen, die ich übersprungen habe, viel böses Blut erregen. Es ist mir beinahe peinlich, und ich bin trotz aller Freude ganz beschämt. Wer hätte gedacht, dass alles so schnell kommen würde.

Viele Grüße und einen Kuss,
Dein glücklicher Ulrich

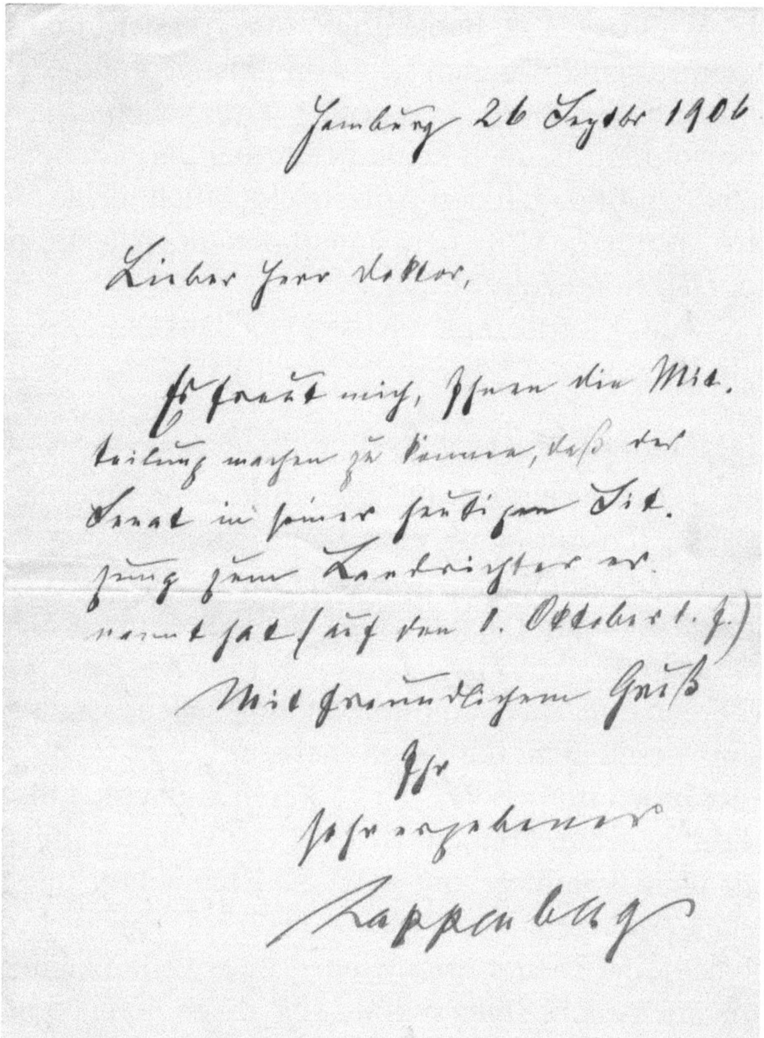

Hamburg 26 Septbr 1906

Lieber Herr Doktor,

Es freut mich, Ihnen die Mit-
teilung machen zu können, daß der
Senat in seiner heutigen Sitzung zum Landrichter er-
nannt hat (auf den 1. Oktober d. J.)

Mit freundlichem Gruß
Ihr
sehr ergebener
Lappenberg

Abb. 10 Brief von Senator Lappenberg an Ulrich vom 26.9.1906: Ernennung zum Landrichter

5.3. [Hamburg,] 27.9.06 [Rathaus, Treffen]

Meine geliebte Käthe, morgen um 3 ¼ werde ich vor versammeltem Senat feierlich vereidigt. Die Zeremonie dauert etwa ¼ Stunde, dann bin ich frei und kann so gegen 4 Uhr erscheinen, wie verabredet, im Frack und Zylinder. Wir wollen es bei der Verabredung lassen, nicht wahr? Ich habe heute schon viele Glückwünsche gehört, man ist vollkommen baff, und viele sind natürlich sehr wenig entzückt, aber das muss ich ertragen. Das netteste war doch, dass wir uns heute noch zufällig getroffen haben. Dein freundlicher Gruß aus dem Wagen war zu lieb. Am liebsten wäre ich ein bisschen eingestiegen, fuhrst Du allein. Heute feiern wir hier im Kreise von allerlei Verwandten, nachher muss ich auf den Corpsabend, was ich nicht so sehr schätze. Ich freue mich schon riesig, Dich morgen zu sehen. Viele herzliche Grüße,
    Dein Ulli

6. Käthe in Arnsberg (Oktober)

6.1. Hamburg, den 7.10.06 [Einladungen, Tennis]

Meine geliebte Käthe, vielen Dank für Deinen lieben Brief. Wie kannst Du fragen, ob ich gern oft von Dir höre? Je öfter, desto besser. Doch wenn sie mich hier fragen, von wem ich so oft Briefe aus Arnsberg bekomme, so sage ich, dass sie von Dir kommen. Wenn meine Mutter dann weiter in mich dringt, so bitte ich sie, das einstweilen zu lassen, es werde sich schon alles historisch entwickeln. Allzu lange wird es ja doch nicht mehr dauern, dass sie die Wahrheit zu hören bekommt. Dein Brief kam heute Morgen, als die Eltern in der Kirche waren, so hat es heute keine indiskreten

Fragen gegeben. Über mein Befinden kannst Du Dich beruhigen. Es ging mir gestern schon besser [Influenza], und heute bin ich vollkommen wieder wohl. Besonders hat mir ein 3-stündiges Tennisspiel heute Morgen in Fontenay gut getan. Ich muss jetzt jede Gelegenheit benutzen, mir Bewegung zu machen, weil meine Tätigkeit mich den größten Teil des Tages sitzen lässt. Bei Söhles war es ganz nett, ich brachte es aber nicht fertig, unfreundlich zu sein, habe übrigens über das bewusste Thema kaum gesprochen, jedenfalls nicht mit Toni[1], die ich, wie gewöhnlich, zu Tisch hatte. Ich habe ihr gesagt, ich hätte Dich neulich gesprochen, Du hättest mir von Sylt und von Deiner Reise nach Arnsberg erzählt. Sie schwärmte von dem diesjährigen Sylter Aufenthalt, schien mir im Übrigen sehr reserviert zu sein und widmete sich mehr ihrem anderen Nachbarn, Bruntsch.

Gestern habe ich eine sehr anstrengende Sitzung gehabt und wenig Arbeit mitbekommen. Nach dem Frühstück habe ich bis eben Fontane mit Vergnügen gelesen, wenn dieser Brief fertig ist, muss ich mich fein machen und *nolens volens* zu Mönckebergs[14] zur Brautfête. In Arnsberg scheint es ja wunderhübsch zu sein. So freut mich sehr, dass Du gern da bist und Deine Wirte gern hast. Du hast so viel Sinn für Naturschönheiten und verstehst es so gut, die Eindrücke, die Du bekommst, wiederzugeben. Es muss herrlich sein, jetzt viel im Freien herumzustreifen. So schöne warme Herbsttage, wie wir sie jetzt haben, sind doch trotz aller Melancholia entzückend. Wenn wir sie nur zusammen genießen könnten. Hoffentlich wird Dir die Zeit dort nicht zu lang, Du Liebe, bei Deinem Tätigkeitsdrang wird es Dir gewiss schwer, 3 Wochen lang zu Gast zu sein.

Heute habe ich schon wieder eine widerliche Balleinladung bekommen. Es kommt mir so verrückt vor, alles anzunehmen, und ich kann doch nicht sagen, warum ich sie absagen möchte. Heute Abend werden Studien gemacht. Alfred Godeffroy[39] ist ein Mann, dem Angefeiertwerden sicher auch ein Greuel ist.

Ich schreibe bald wieder, liebe süße Käthe.

Herzliche Grüße, Dein Ulrich

6.2. Hamburg, den 10.10.06 [Arbeit, Familie]

Meine geliebte Käthe, in aller Eile ein paar Worte des Danks für Deinen lieben Brief. Ich war ganz enttäuscht, als die Post mir nichts brachte. Umso größer war die Freude heute Nachmittag. Ich bin bis jetzt immer etwas in Hetze, weil ich viel zu tun habe und außerdem viel vor habe. Meine Tante aus Leipzig[40] ist hier, und jeden Tag beinahe versammelt sich die Familie irgendwo zum Essen. Ich habe mich eben einen Augenblick vor Tante Jeanette Prell[41] gedrückt, um Dir schnell einen kurzen Gruß zu schicken. Es geht mir gerade so wie bei Deinen Sylter Briefen. Du schreibst immer so ausführlich und liebevoll, und ich so eilig und beinahe geschäftsmäßig. Aber Du weißt ja, wie ich es meine, und ich denke, es genügt, wenn ich Dir öfter ganz schnell einen kurzen Gruß sende.

Die Arbeit wächst mir noch etwas über den Kopf, die Sitzungen dauern schrecklich lange und sind sehr anstrengend, gestern wieder von halb 10 – halb 7, und zu Hause muss ich eigentlich auch meine ganze Zeit opfern. Gestern nach der Sitzung habe ich noch 1 ½ Stunden gearbeitet, heute bekomme ich Besuch von meinem Freund Calais, der ein paar

Tage hier ist, und bin dadurch auch zu nichts recht gekommen. Morgen habe ich ihn und Hübbe[42] hier zu Tisch, Freitag soll ich ein Diner bei Philippis[43] mitmachen, und Sonnabend wollte ich eigentlich mit einigen Freunden irgendwo meine Ernennung feiern. Dabei kommt eine Akte nach der anderen ins Haus, und alle machen mir viel Mühe. Hoffentlich wird das alles besser, bis Du wiederkommst. Im Übrigen macht mir meine Tätigkeit bis jetzt Freude. Die Sitzungen sind recht interessant, und meine Kollegen nette Leute. Die Beratungen, in denen die Meinungen aufeinander platzen, sind manchmal ganz aufregend. Man lernt, sich ein eigenes Urteil rasch zu bilden.

Wie ruhig und beschaulich ist Dein Leben dagegen jetzt. Du hast gewiss mehr Zeit, über uns und unsere Zukunft nachzudenken, als Dir lieb ist, und ich komme kaum dazu. Ich würde so gern näher auf Deinen Brief eingehen, aber es fehlt an Zeit und Ruhe. Deine Betrachtungen über die Wirtschaftssorgen sind theoretisch sehr schön und ideal. Aber ich fürchte, zu ideal. Wenn Du erst im eigenen Hausstand die Nöte kennen lernst, die keiner Hausfrau erspart bleiben, wirst Du vielleicht mehr Verständnis für Deine Freundinnen haben. Aber da hast Du Recht: Nur nicht darin aufgehen, sonst wird das Leben zu prosaisch. Ich muss jetzt noch ein Stündchen nach Fontenay und wahrscheinlich nachher noch arbeiten. Leb wohl, Geliebte, nächstens wieder mehr. Hoffentlich vergiltst Du Böses mit Gutem und schreibst mir weiter so lieb wie bisher.

Viele herzliche Grüße, geliebte Käthe, und einen Kuss,
Dein Ulrich

6.3. Hamburg, den 12.10.06 [Unerwünschte Einladungen]

Meine geliebte Käthe, um Mitternacht bin ich heute von einer sehr gemütlichen kleinen Gesellschaft bei Philippis[43] zurückgekommen und fand zu Hause eine eilige Akte vor, die mich noch eine Stunde beschäftigt hat. Eben schlägt es 1 Uhr, und ich sollte wohl lieber ins Bett gehen, aber morgen komme ich sicher nicht zum Schreiben, und ich will nicht, dass Du wieder vergeblich auf einen Brief von mir hoffst. […]

Ich hatte ein Frl. Crasemann[44] zu Tisch, jüngere Schwester von Frau Gobert, die sprach so viel von der Geselligkeit in der kommenden Saison, und ich dachte immer, wenn Du wüsstest, wie wurscht mir das alles ist. Anfang November soll ich ein *diner dansant* bei ihnen mitmachen, und sie vertraute mir an, vier Damen hätten sich schon darum gerissen, mich als Tischherrn zu bekommen. Mehr kann ich nicht verlangen, nicht wahr?

Sie sagen doch hoffentlich nicht am letzten Tag ab, fragte sie. Wenn sie wüsste, dass ich sehr mit diesem Gedanken umgehe. Von Elsa Roosen[36] sprach sie auch, sie habe im Winter eine Harztour mit ihr gemacht. […]

Jetzt will ich Dir gute Nacht sagen. […]

Leb wohl, Geliebte, 1000 Grüße und einen Kuss
von Deinem Ulrich

6.4. Hamburg, 15.10.06 [Hagenbeck, Bruder Fritz]

Meine geliebte Käthe, heute will ich mein Tagwerk damit beginnen, Dir zu schreiben, damit Du auch mal ordentlich zu Deinem Recht kommst. […]

Gestern Morgen regnete es auch hier, und das passte zu meiner Stimmung. Mittags wurde aber herrliches Wetter, und ich bin ca. 4 Stunden im Freien gewesen. Ich bin zunächst in Eimsbüttel an dem bekannten Platz gewesen, es war da ganz leer und so recht für uns geeignet. Dann bin ich ziel- und planlos weiter gestiefelt ins freie Land, und plötzlich tauchte vor meinen Blicken eine mächtige Gebirgslandschaft auf, die sich allmählich als Hagenbecks Tierpark herausstellte. Die Dressur von wilden Tieren ist mir aber doch, so erstaunlich die Leistungen sind, äußerst widerlich. Der Rückweg von da nach Lokstedt ist ja reizend, den kannte ich noch gar nicht.

Gestern war wieder Kinder- und Enkeltag bei uns, mir, wie gewöhnlich, unsympathisch. Ich mag die Massenansammlung der Familie nicht, so gern ich mit den Einzelnen zusammen bin, und bei der Gelegenheit lastet mir die kommende Beichte besonders auf dem Herzen. Mein Bruder Fritz[14] war wieder dabei [Abb. 9]. Er ist am Sonnabend sehr erfrischt aus seiner Naturheilungswelt im Harz, wo er 6 Wochen war, zurückgekehrt. Ich hatte ihn seit Juli nicht gesehen und fand ihn fabelhaft verändert. Ganz frisch und wohl sah er aus und ist voller Zuversicht, dass er, wenn er die einfache dortige Lebensweise fortsetzt, wieder ganz gesund wird. Wir haben abends eine Partie Schach gespielt, die ich schmählich verlor, ein Zeichen, dass er geistig auch ganz frisch ist. [...]

Dass Du an Maeterlings „Bienen" Gefallen gefunden hast, spricht ebenso für Deinen guten Geschmack, wie Dein abfälliges Urteil über Spielhagen. Letzteren finde ich auch wenig erfreulich, ersteres habe ich zwar nicht gelesen, aber von kompetenter Seite oft rühmen hören. Ich freue mich schon riesig auf gemeinsame Lektüre, nur wirst Du an mir als Vorleser nicht viel Freude erleben, als solcher habe ich nie viel geleistet. [...]

Leb wohl, Du liebe, einzige Käthe, viele herzliche Grüße von Deinem Ulrich

6.5. Hamburg, den 17.10.06 [Gespräch mit der Mutter]

Meine geliebte Käthe, der lange erwartete Moment ist heute eingetreten. Meine Mutter fragte mich, von wem ich einen Brief aus Arnsberg erhalten hätte, und ich sagte, von Dir. Sie sagte, sie hätte sich das schon gedacht, und fragte, ob wir schon verlobt wären. Ich habe sie gebeten, nicht in mich zu dringen, habe ihr aber deutlich zu verstehen gegeben, dass es sicher dazu kommen werde. Sie bat mich, genau zu prüfen, ob es das Rechte wäre. Ich habe sie versichert, ich täte nichts Unüberlegtes. Schon dass es mit Rücksicht auf das Altersverhältnis etwas Außergewöhnliches und bei den Mitmenschen wahrscheinlich Anstoß Erregendes sei, bürge dafür, dass es kein unüberlegter Schritt sei. Sie sagte, es sei ja ganz gleichgültig, was andere Menschen dazu sagten, wenn wir uns wirklich lieb hätten und überhaupt wüssten, dass es eine dauernde Liebe sei, würde sie nichts dagegen einzuwenden haben, aber sie wäre besorgt um mich, sie möchte so gern die Gewissheit haben, dass ich glücklich würde, sie hätte solche Angst vor Schwiegertöchtern usw. Bist Du denn selig, fragte sie, das ist etwas, was ich gar nicht sein kann, erwiderte ich (das verstehst Du hoffentlich richtig). Bist Du denn glücklich und zufrieden, fragte sie weiter. Auf meine Gegenfrage, ob sie mir das nicht angemerkt habe, konnte sie das Gegenteil nicht behaupten. Ich kann das Gespräch nicht so im Einzelnen wiedergeben, es kam nur immer wieder die Sorge heraus, ich möchte etwas Übereiltes tun oder getan haben, und ich musste immer wieder versichern, ich wisse ganz genau, was ich wolle, und sei mit mir völlig im Reinen.

Mit diesem Gespräch sind wir jedenfalls einen bedeutenden Schritt weiter gekommen, und wenn Du zurück bist, müssen wir die weiteren Schritte wohl bald tun. Und weißt Du, wie ich es mir denke? November und Dezember undeklariert und im Januar deklariert verlobt sein, im Februar heiraten und mit dem Frühjahr unser eigenes Heim beziehen. Irgendein Grund zu längerem Warten liegt ja nicht vor, und darum lass uns die noch entgegenstehenden Unannehmlichkeiten nur beherzt angehen. […]

Ich wollte gleich nach dem Frühstück schreiben, bekam aber Besuch von Wedekind[16], der mir seinen Examensfall vortrug. Er hat am Montag Termin. Heute Morgen um 11 ½ ging ich an Eurem Hause vorbei und sah zu Deinem Fenster hinauf und musste lachen, als ich beim Fensterputzen dieselbe Scheuerfrau sah, die häufig bei uns wirkt. […]

Viele herzliche Grüße und einen Kuss von Deinem Ulrich

6.6. Hamburg, den 21.10.06 [Religion, Wohnungspläne]

Meine geliebte Käthe, dies ist wohl der letzte Brief, den ich Dir nach Arnsberg schicke. […] Meine Mutter kam heute ganz entzückt von Cordes aus der Kirche. Du musst später Deiner Antipathie gegen diesen Mann meiner Mutter gegenüber nicht zu deutlich Ausdruck geben; das ist ein sehr wunder Punkt. Meine Schwester und ich hören immer schweigend mit zu. Überhaupt, das religiöse Gebiet wird wohl im Verhältnis zwischen Dir und meiner Mutter der springende Punkt werden. Übrigens hat sie seit letztem Mittwoch das fragliche Thema nicht wieder berührt. Nur heute sagte sie zu mir, wenn ich einen eigenen Hausstand gründete, sollte ich das Christentum nicht ganz aus meinem Hause verbannen. Sie fühlt sich auf diesem Gebiet immer verantwortlich für ihre Kinder und macht sich Vorwürfe, dass sie uns kein genügendes Vorbild gewesen sei und dass wir darin so anders seien als sie. Es ist sehr schwer, mit ihr darüber zu reden, ohne sie zu verletzen.

Ich habe mich in letzter Zeit schon immer nach eventuellen Wohnungen umgesehen, ich denke mir, so in der Gegend des Grindelbergs, am Ende der Oberstraße, Klosterallee oder in dortigen Straßen gar nicht so übel zu wohnen. Etwas abseits von der großen Heerstraße und doch ganz hübsche Gegend und stattliche Häuser. Oder weiter hinaus nach Eppendorf oder Eimsbüttel [spätere Anschrift: Maria-Louisenstr. 108].

Ich bekomme immer noch Balleinladungen; u.a. hat mich Direktor Schulze eingeladen, bei dem ich unmöglich absagen konnte, wenn ich es nicht mit ihm als meinem Vorsitzenden verderben wollte.

Dagegen habe ich Frau Godeffroy[45], die mich für eine Quadrille bei dem Polterabend ihres Sohnes [Alfred[39]] haben wollte, einen Korb gegeben, trotzdem sie mich damit ködern wollte, dass die reizendsten jungen Mädchen mitwirkten. Was gehen die mich an? Wenn ich Dich nur habe, meine geliebte Käthe, können mir alle anderen gewogen bleiben. Und in drei Tagen habe ich Dich wieder, und bald haben wir uns hoffentlich ganz und fragen nicht mehr nach den anderen Menschen. Und nun zum letzten Mal lebe wohl, geliebte, süße Käthe.

Viele Grüße und Küsse von Deinem Ulrich

7. Käthe endlich in Hamburg (November)

Hamburg, 1.11.06 [Enthüllung, Vorstellungsbesuch]

Meine geliebte Käthe, Dein Brief hat mir große Freude gemacht. Es ist doch gut, dass wir jetzt so weit sind, und ich bin so dankbar, dass Deine Mutter[46] und Schwester[3] Deine Enthüllungen so freundlich aufgenommen haben. Ich finde es ebenso nett, wenn ich mal morgen Mittag meinen Antrittsbesuch mache. […]

Abends ist mein ältester Bruder allein bei uns, und meine Eltern werden, wenn ich sie nicht gleich aufkläre, wohl ungern zulassen, dass ich fortgehe. Aber es ist ja auch ebenso gut, wenn ich gleich damit herausrücke. […]

Außer Deinem Brief fand ich einen 8 Seiten langen Brief von einer jungen Dame vor, einer Amerikanerin, die ich in Berlin kennengelernt hatte und die mir zum Landrichter gratulierte. Deine 4 Seiten waren mir aber doch lieber und wichtiger. Also auf Wiedersehen morgen, Geliebte, bis dahin noch einmal herzliche Grüße und einen Kuss

von Deinem Ulrich

Danach sind keine Briefe des Brautpaares mehr erhalten – es war ja auch Direktkommunikation möglich. Die Verlobung wurde im November bekannt gemacht (s. Abb. 11), und die Hochzeit erfolgte schon am 17.12.1906.

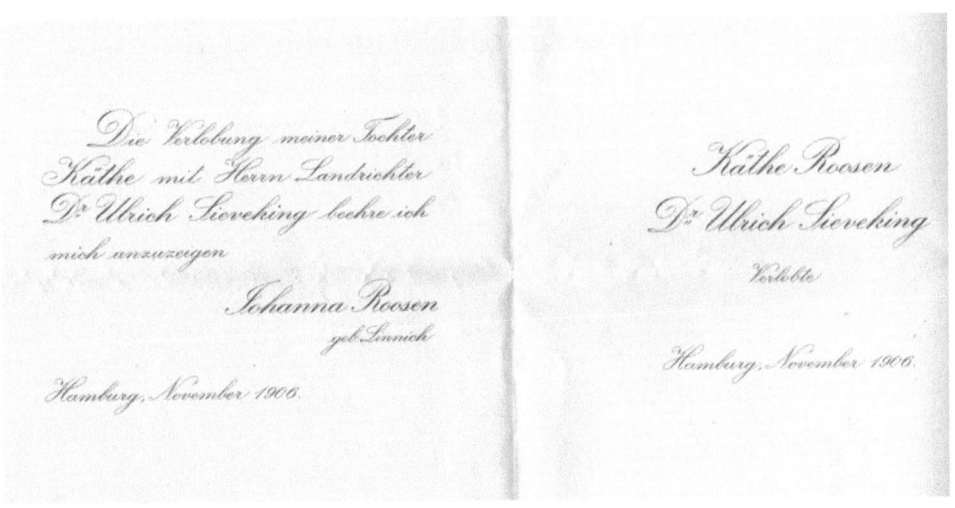

Abb. 11 Verlobungsanzeige Ulrich und Käthe Sieveking

Abb. 12 Auf der Hochzeitsreise (?)

Anhang I: Berend Roosens Glückwunschbrief aus Afrika

Keetmannshoop, 27.11.06

Mein lieber Herr Sieveking!

Soeben habe ich meiner Schwester von meiner großen Überraschung geschrieben, welche das Telegramm ihrer Verlobung und baldigen Hochzeit mit Ihnen mir berichtet hat.

So außerordentlich ich mich hierüber gefreut habe, so schmerzlich ist es mir, in diesem Augenblick fern der Heimat zu sein und an ihrem Glück nicht teilnehmen zu können. Von Herzen bedauere ich auch, Ihnen, lieber Herr Sieveking, nicht aussprechen zu können, dass ich Sie auf das wärmste in unserer Familie willkommen heiße. Ich muss nun leider schriftlich meinem großen Glück Ausdruck geben, in Ihnen meinen Schwager begrüßen zu dürfen, hoffe aber, dass auch uns recht bald – trotzdem wir uns vorläufig noch so fern stehen – dasselbe Band verbindet, welches uns 3 Geschwister bisher fest miteinander verknüpft hat.

Mit der nächsten Post, welche morgen hier eintrifft, werde ich noch nichts von der Verlobung hören, und ist es bei den wechselnden Kriegsereignissen hier im Süden fraglich, wann mich die Ende November abgesandten Briefe treffen. Sie sind dann schon lange Ehemann. Dass Sie in der Ehe mit meiner Schwester Ihr Glück finden mögen und die gegenseitige Zuneigung, als Grundlage einer glücklichen Ehe, sich immer gleichbleibe, wünsche ich Ihnen von ganzem Herzen! Als alter Ehemann kann ich die immer wiederkehrende Erfahrung nicht vorenthalten, dass auch in der Ehe Ausnahmen die Regel bestätigen: vorübergehende Mißstimmungen also auf eine besonders glückliche Ehe schließen lassen. Von dieser meiner Erfahrung wollen Sie bitte meiner Frau gegenüber keinen Gebrauch machen!

Sollte, was ich hoffe und sicher annehme, meine Frau bei der Hochzeit anwesend sein, wird sie Ihnen auch ohne meine Bitte in meiner Vertretung von mir Alles Gute wünschen.

Mit herzlichstem Gruß und dem aufrichtigen Wunsch, dass es Ihnen im neuen Jahr recht wohl ergehen möge verbleibe ich Ihr Schwager Berend Roosen[47]

Anhang II: Hamburger Namen

1. **Antonie** („Toni") **Söhle, geb. Meyer** (*1878), verheiratet mit:
2. **Dr. jur. Otto Söhle**, (1869-1926), Ulrichs Vetter, Staatsanwalt
3. **Agnes Roosen** (1871-1923), Käthes Schwester
4. **Mathilde Lutteroth, geb. Passavant** (1826-1919), Enkelinnen:
5. **Marga** (1886-1933) und **Erna Lutteroth** (*1885),
   Erna heiratet am 21.2.1906 **Hermann Dahlström**
6. **Agathe Lappenberg** (1871-1964), Ulrichs Schwester, verheiratet
   mit **Dr. jur. Johann Martin Wolfgang Lappenberg** (1866-1924),
   Rechtsanwalt, Ulrichs Corpsbruder (Tübinger Schwabe)
7. **Theodor** (*1885), **Louise** (*1887), **Benediktine** (*1894) **des Arts**
8. **Dr. jur. August Schön** (1864-1942), Staatsanwalt, heiratet am
   30.1.1906 **Thekla Mathilde Stammann** (1875-1938)
9. **Maria Adele Siemsen** (1877-1909), heiratet 1906 **H. Wilzer**
10. **Marie Ellen** („Mimi") **Haller** (1882-1939), Ulrichs Cousine, heiratet 1911 **Johann Heinrich Merck** (1877-1958)
11. **Clara Godeffroy** (1879-1971), frühere Hausnachbarin in *Fontenay*, heiratet 1907 **Wilhelm Adalbert Bernhard Erik v. Paleske** (1885-1963)
12. **Maria Sieveking, geb. Merck** (1835-1907), Ulrichs Tante, *Hamm*
13. **Anna Dorothea Victoria** („Anni") **Sieveking** (1881-1913), *Altona,* Ulrichs Cousine, heiratet 1908 **Hans Bernhard Karl Eduard v. Oesterreich** (1878-1915)
14. **Dr. jur. Friedrich Christian** („Fritz") **Sieveking** (1867-1917), Ulrichs ältester Bruder, Rechtsanwalt, verheiratet mit **Olga Luise** („Lulu"), geb. **Mönckeberg** (1871-1948)
15. **Vera Kunhardt** (1888-1976), Stieftochter von Ulrichs Tante **Helene Sieveking**, Vera heiratet 1912 **Julius Friedrich Wilhelm** („Billi") **Schröder** (1885-1964)
16. **Dr. jur. Oscar Georg Adolf Wedekind** (1878-1942), Ulrichs Vetter, Rechtsanwalt, Sohn von **Oscar Cohen-Wedekind** (1851-1918) und **Luise Conradine, geb. Sieveking** (*1859)
17. **Franz Pfordte** (1840-1917), Hamburger Gastronom

18. **Dr. jur. Johann Christian Eduard Heinichen** (*1870),
Ulrichs Vetter, früherer Hausnachbar in *Fontenay,* Landrichter,
verheiratet mit **Isabella Helene Heinichen,** geb. **Friedburg** (*1876),
Sohn von **Dr. jur. Adolph Heinichen** (1834-1900) und
Louise Natalie Caroline Heinichen, geb. **Söhle** (1845-1909),
19. **Susanne** („Susi") **Gossler,** geb. **Küstner** (1878-1930), verheiratet
mit **Wilhelm Gossler** (1866-1911)
20. (?) Familie von **Dr. Georg Heinrich Röpe** (1836-1896), Pastor
21. **Dr. jur. Wilhelm Amsinck Burchard(-Motz)** (1878-1963),
Rechtsanwalt, verheiratet mit **Helene Vorwerk** (1880-1973)
22. **Prof. Dr. phil. Hermann Samuel Reimarus Sieveking.**
(1875-1914), Ulrichs Bruder, *Karlsruhe,* Physiker,
heiratet 1906 **Wilhelmine Weber**
23. **Auguste Clara Söhle,** geb. **Haller** (1799-1883), verheiratet mit
Johann Christian Söhle (1801-1871), Kaufmann,
Ulrichs Großeltern
24. **Dr. jur. Friedrich Sieveking** (1798-1872), Bürgermeister,
verheiratet mit **Fanny,** geb. **Hanbury** (1795-1888),
Ulrichs Großeltern
25. **Dr. jur. Alexander Lutteroth** (1863-1953), Ulrichs Corpsbruder,
Rechtsanwalt, Sohn von Mathilde Lutteroth (4), verheiratet mit
Frieda Lappenberg, Schwägerin der Schwester Agathe (6)
26. **Arthur Roosen** (1875-1960), Käthes Vetter, Kaufmann
27. **Max Glage**, Pastor, Streitschrift „Wittenberg oder Wales", 1905
(Erwiderung durch Pastor R. Mumssen: „Wittenberg *und* Wales")
28. **Margarethe** („Gretchen") **Mestern** (1877-1940), Ulrichs Schwester,
verheiratet mit **Jean Paul Mestern** (1871-1905), Kaufmann
29. (?) **Georg Behrmann** (1879-1911), Hauptpastor St. Michaelis
30. **Detlev v. Liliencron** (1844-1909), Dichter
31. **Gustav Falke** (1853-1916), Dichter
32. **Wilhelm Ammermann** (1869-1943), Pianist
33. **Arthur Nikisch** (1855-1922), Dirigent
34. **Dr. jur. Bruno Louis Schäfer** (1860-1945), Senatssyndikus
35. **Dr. jur. Hermann Mestern** (1878-1940), Rechtsanwalt,
Schwager von Ulrichs Schwester Grete (28)

36. **Elsa Roosen** (1878-1967), Käthes Cousine,
    heiratet später **Richard Jencquel** (1877-1941), Kaufmann
37. **Wilhelm Sieveking** (1873-1958), Ulrichs Bruder, Kaufmann,
    verheiratet mit **Ida, geb. Burchard** (1879-1947)
38. **Dr. jur. Friedrich Alfred Lappenberg** (1835-1916), Senator,
    Schwiegervater von Ulrichs Schwester Agathe (6)
39. **Alfred Godeffroy** (1873-1927), Hausnachbar in *Fontenay,* Kauf-
    mann, heiratet am 7.11.1906 **Gertrud Crasemann** (1885-1954)
40. **Agathe Henriette v. Kaweszynski, geb. Söhle** (1838-1921),
    Ulrichs Tante
41. **Jeanette Josephine Prell, geb. Söhle** (1835-1913), Ulrichs Tante
42. (?) **Dr. jur. Hermann Hübbe** (1877-1915), Staatsanwalt
43. (?) **Rudolph Philippi** und **Auguste Henriette Philippi, geb.
    Heinichen** (*1872), Schwester von (18), Ulrichs Cousine
44. **Margarethe Crasemann** (1888-1970), heiratet 1907 **Max Cropp**,
    Schwester von **Anna Klee Gobert** (1879-1956),
45. **Elisabeth Eleonore Godeffroy, geb. Donner** (1845-1935),
    Mutter von Alfred G. (39), verheiratet mit **Johann Caesar VII.
    Godeffroy** (1832-1912), früher: Hausnachbarn in *Fontenay*
46. **Johanna Elisabeth Roosen, geb. Linnich** (1839-1915),
    Käthes Mutter
47. **Berend VIII. Roosen** (1873-1945), Käthes Bruder, Offizier

Anhang III: Literaturhinweise

1. Catharina Sieveking, geb. Roosen: Afrika 1906, Tagebuch einer Reise,
   BoD – Books on Demand, Norderstedt, 2018
2. Hamburgisches Geschlechterbuch (in: Genealogisches Handbuch
   Bürgerlicher Familien / Deutsches Geschlechterbuch),
   Starke Verlag, Görlitz, Limburg:
   Bd. 1 (1910), Bd. 2 (1911), Bd. 3 (1912), Bd. 4 (1913),
   Bd. 9 (1962), Bd.13 (1996), Bd. 14 (1997)
3. Martin Haller: Erinnerungen an Kindheit und Elternhaus,
   Gesellschaft der Bücherfreunde zu Hamburg, 1985

Anhang IV: Moritz Päffgen, ein Brief

Lieber Hans Ulrich,

vielen Dank für die Sendung mit den Briefen von *Ahn Ulrich*.

Was sich anfangs wie eine hübsche und Liebe-volle Ergänzung zu den Reisenotizen von *Ahnin Käthe* anlässt, verselbstständigt sich aber doch zunehmend zu einem Who's'Who der Hamburger Bürgergesellschaft = Familie. Man gewinnt förmlich den Eindruck alter Adelszeiten, in denen einige wenige Maßgebliche die Fäden der Geschicke (Geschichte) in der Hand hielten. Fast kann einem Bange werden bei so viel freundlichem umspannenden Umgang!

Was ich aber – vor allem – finde, ist, dass die Liebesbeteuerungen von Ulrich im Zusammenhang mit Käthes Reiseaufzeichnungen [s. Lit. 1] diese förmlich schmälern. Schließlich ist sie es, eine Frau, die da 1906 allein in die Weite zieht. Wenn auch in männlichen Schutz gebettet [s. Vorwort hier]. Und man gewinnt aus ihren Aufzeichnungen den Eindruck, dass es *ihre,* für eine Frau dieser Zeit sehr ungewöhnliche Reise ist. Und darauf geht der zwar äußerst liebe- und gefühlvoll schmachtende Ulrich leider mit keiner ernsten und anerkennenden Zeile so richtig ein. Er küsst sein Liebchen zwar brieflich ab, aber dass das Liebchen eigentlich eine starke Frau ist, scheint er einfach auszublenden. Eine Frau, die sich trotz der frischen Liebe auf den Reiseweg macht. Und nicht etwa die kurze, sondern die lange Version wählt. Es ist ja auch noch einmal von einem Afrika-*Aufenthalt* die Rede und von Studieren – was überhaupt nicht gehe [s. S. 47]. Dabei ist Käthe, die zudem (wenn auch nur ein Jahr) älter ist als er, eine gestandene Frau neben einem im Aufstehen begriffenen jungen Mann. Irgendwie versteht er es trotzdem, die Tatsachen psychologisch zu verkehren. Bei allen Beteuerungen. Dass *sie* sich überlegen solle, ob sie sich mit ihm einlassen will. – Was sie doch längst, ohne dass er es bemerkt in seiner aufrichtigen Gutmütigkeit, getan hat. Er unterschätzt sein Käthchen einfach. Auch scheint sie nicht ein unbedeutendes Jahr, sondern einen ganzen Lebenserfahrungsbatzen älter zu sein als er. Er stutzt sie sich zu seinem Käthchen zurecht. Worüber sie vielleicht innerlich schmunzelt: nein, nicht über seine durchaus aufrichtigen Liebesbezeugungen, sondern eher darüber, dass, auch wenn er sie vor sich warnt, *er* sich schließlich für denjenigen hält, der glaubt, die Beziehung richtig einschätzen zu können. – Andererseits vertritt er später durchaus der Mutter gegenüber, dass sich das Paar von keinerlei Konventionen in seiner Liebe beirren lassen will.

Die beiden Briefe an Käthe in Afrika sind für sich eigentlich – unter vielerlei Gesichtspunkten – eine oder die eigentliche Liebesgeschichte, die alles Mögliche spiegeln. Die folgenden Briefe setzen sie, wenn auch nicht so intensiv, fort. Und sie sind ein Spiegel der Liebe im Bürgertum, wo eine kluge Eheplanung eigentlich verantwortlicher scheint als eine romantische Liebe. Obwohl gerade Käthes Bruder Berend, der *Haudegen*, in seinem Brief an ihn fast ausnahmslos von gerade der Liebe (und den Schwierigkeiten in dieser) spricht.

Ja, ich denke immer mehr, dass Ulrichs Briefe ein kleines Soziogramm für sich sind: Liebe und Bürgertum – Selbstdokumentation durch eine Quelle – statt eine(r) Inauguraldissertation.

Herzliche Grüße an Irene und auf bald,
Moritz

Dank des Herausgebers

Meinem Lektor und Korrektor, Moritz Päffgen, danke ich für kritische Anmerkungen und die geduldige Durchsicht der verschiedenen Fassungen, vor allem aber für viele intensive Gespräche bei gleichbleibendem Interesse.